천수경과 기도 영험

천수경과 기도 영험

2003년 5월 31일 초판 발행 《천수경과 기도법》
2008년 8월 25일 3쇄 발행
2015년 3월 10일 개정판 1쇄 발행

지은이 윤영해
펴낸이 이규만
펴낸곳 불교시대사
출판등록일 1991년 3월 20일, 제1-1188호
주소 (우)110-718 서울시 종로구 인사동 7길 12 백상빌딩 1305호
전화 (02)730-2500
팩스 (02)723-5961
이메일 kyoon1003@hanmail.net

ISBN 978-89-8002-146-8 03220

천수경과
기도 영험

윤영해 저

불교시대사

1% 나눔의 기쁨

한국 불자들의 신행 생활에서 《천수경》만큼 중요한 경전은 드뭅니다. 《천수경》은 《반야심경》과 함께 한국 불교의 입문자들이 가장 먼저 접하는 경전이고, 신행 생활 내내 가장 자주 읽히는 경전입니다. 한국의 불자들은 중요한 의례마다 예외 없이 이 경전을 봉독합니다.

《천수경》은 관음신앙을 근본으로 삼고 있습니다. 한국 불자들에게 관음신앙은 신행 생활의 토대입니다. 대다수 한국 불자들의 신행심의 저변에는 관음신앙이 바탕을 이루고 있습니다. 단적으로 말하자면 《천수경》은 한국 불교의 신자들에게 필수불가결의 요소입니다.

한편 한국 불교에서 경전은 이해의 대상을 넘어 신앙의 대상입니다. 특히 한국의 불자들에게 《천수경》은 이러한 성격이 두드러집니다. 《천수경》의 본래 몸체가 이해보다는 신앙을 요구하는 '신묘장구대다라니'라는 점을 감안하면 이런 태도는 어쩌면 당연한 것이기도 합니다.

그러나 우리들의 일반적인 신행이 믿음(信), 이해(解), 실천(行), 성취(證)의 과정이어야 함을 감안하지 않더라도, 그것이 문자와 개념으로 이루어진 말씀(經典)인 이상 믿음과 동시에 이해의 시도 역시 너무나 당연한 것입니다. 필자는 이 책을 한국 불교의 일반 신자들이 《천수경》을 이해하는 데 틀림없이 도움이 되리라는 기대를 가지고 묶었습니다.

이런 기대를 갖는 것은 이 책의 목적이 한국 불교의 초심 입문자들을 위한 강의의 대본이었기에 더욱 그러합니다. 90년대 중반 봉은사 불교대학의 강의가 이 책의 출발점이었습니다. 따라서 이 책은 강의 말투로 진술되어 있습니다. 그 당시 《천수경》을 위한 강의 교재로서는 김호성 교수님의 《천수경 이야기》가 가장 탁월했습니다. 이런 인연 탓에 《천수경과 기도 영험》의 제1부는 《천수경 이야기》의 골격과 여러 부분의 내용을 그대로 원용(援用)하게 되었습니다. 다만 이 책은 어려운 한자로 된 《천수경》의 경문을 한 줄 한 줄 이해하기 쉬운 우리말로 자세히 풀어서 설명하려고 노력했습니다.

경문의 번역은 조계종 표준 번역을 따르기로 했습니다. 조계종 표준 번역은 독송용이라 할 수 있어 의미보다는 글자와 운율을 중시하고 있습니다. 이 책은 이해를 위한 해설이 목적이어서 자세한

풀이가 필요하긴 합니다. 그러나 경전이 서로 달라서는 안 된다는 생각에서 이 개정판에서는 표준 번역을 따르기로 결정하였습니다.

제2부에서는 관음신앙의 성격 및 기도법을 함께 묶었습니다. 《천수경》은 결국 관음신앙이고 관음신앙은 반드시 기도 신행과 직결될 수밖에 없기 때문입니다. 기도가 무엇인지 모르는 사람은 없을 것입니다. 그러나 기독교와 불교의 기도가 같을 수는 없듯이, 불교의 기도법은 나름대로 의미와 방법이 있습니다. 여기서는 불교적 기도의 의미와 방법에 대하여 공부하게 됩니다. 이를 위해서는 기도 수행에 얽힌 이야기들을 예로 들어 설명하고자 합니다. 우리는 기도에 얽힌 많은 이야기들을 알고 있습니다. 마지막으로, 불교적 기도의 특징을 간략하게 살펴보고자 합니다. 책의 제목은 출판사의 요청에 따라 천수경과 기도 영험으로 바꾸기로 했습니다.

《천수경》을 해설한 단행본만 이미 700여 권이 넘고, 기도 생활에 대한 지침서들 역시 이미 수십 권이 출판되어 있습니다. 이 책이 그곳에 한 두 뼘의 깊이와 넓이를 더해 줄 수 있기를 기대합니다.

2014. 12. 윤영해 謹識

제 2 부

기 도 법

제1부

천 수 경

한국 불교와
천수경 신앙

《천수경(千手經)》과 한국 불자의 신행

《천수경》은 한국의 불자들이 가장 많이 읽고 외우는 경전입니다. 절에서 실행하는 의식이나 법회에서는 반드시 이 경을 봉독합니다. 심지어 불교를 모르고 《천수경》이 무엇인지 모르는 사람들도 '수리 수리 마하수리 수수리 사바하'는 다 알고 있습니다.

《천수경》은 우리의 조상들이 편집한 경전입니다. 따라서 이 경은 한국 불교의 특징과 정체성을 고스란히 잘 드러내 보여주고 있습니다. 이 경의 사상과 정신은 오랜 세월 동안 전해오면서, 한국의 불자들은 물론 한국 사람들의 생활과 역사 속에 뿌리 깊이 녹아 있습니다.

그러나 이토록 널리 봉독되는 《천수경》이지만 실제로 이 경전의 의미와 가치를 정확하고 속 깊이 파악하고 독송하는 사람들은 많지 않은 것 같습니다. 물론 경전은 뜻을 모르고 봉독해도 공덕이 된다고 했습니다. 만일 뜻을 모르고 봉독해도 공덕이 되는 것이 사실이라면 뜻을 알고 봉독하고 또 그 뜻대로 실천하면서 산다면 얼마나 큰 공덕이 되겠습니까? 이《천수경》을 편집하신 분이 "뜻은 몰라도 좋으니까 그저 봉독하기만 하라."는 생각으로 편집을 했겠습니까? 뜻도 모르고 봉독하는 것이 십의 공덕이 있다면 뜻을 알고 봉독하는 데는 백의 공덕이 있을 것이며, 그 뜻대로 실천하며 산다면 만의 공덕이 있는 것입니다.

《천수경》은 어떤 경전인가?

《천수경》의 본래 명칭은《천수천안관자재보살광대원만무애대비심대다라니경》입니다. 혹은《천수다라니》라고도 하고, 이것을 아주 줄여서《천수경》이라고도 합니다. 이《천수천안관자재보살광대원만무애대비심대다라니경》을 우리말로 풀어서 말하자면,《무한한 눈길과 손길을 가지신 관세음보살님의 엄청나게 크고 원만하시며, 걸림이 없는 대자대비의 마음과 위대한 주문을 담고 있는 경전》이라는 뜻이 됩니다.

이 경의 원전은 서인도의 달마(伽梵達磨) 스님이 당나라 때 중국에 건너와서 번역한 한역본(82句)과 불공(不空) 스님의 역본(94句), 그리고 당나라 지통(智通) 스님의 역본(84句)과 금강지(金剛智) 스님의 역본(113句) 등 열 가지 정도가 있습니다. 그러나 그 중에서 어떤 역본이

우리나라로 먼저 들어온 것인지, 또는 언제 전래되었는지에 대해서
는 정확하게 알 길이 없습니다. 다만 이《천수다라니》는 삼국, 통일
신라, 고려, 조선시대를 거쳐 오늘날에 이르기까지 관음신앙의 뿌리
가 되어 왔습니다. 현재 우리가 봉독하고 있는《천수경》은 오랜 세
월 동안 전해 오면서 여러 차례 보태고 빼고 하면서 다듬어져 온 독
특한 한국의 경전인 것입니다.

《천수경》은 아득한 옛날 천광왕정가여래(天光王靜住如來) 부처님께
서 처음 설하신 경전이라고도 하고, 그 이전부터 있었던 것이라고
도 합니다. 관세음보살님께서 모든 중생들로 하여금 온갖 병을 없
애 주어 안락케 하며, 수명을 길게 하고 경제적 풍요를 얻게 하고
일체 악업과 중죄와 모든 장애를 여의며, 일체 청정한 법과 모든 공
덕을 짓게 하고 일체 모든 소원을 이루며, 모든 두려움을 멀리 여의
고 일체의 소망하는 바를 만족시키고자 이 경을 설하겠다고 부처님
께 권청(勸請)했습니다. 그러자 부처님께서 이를 허락함으로써《천수
경》이 이 세상에 나오게 된 것입니다.

그러니까 지금 유통되고 있는《천수경》은 본래 천수다라니, 즉
'신묘장구대다라니' 부분만 있었습니다. 우리나라에서는 이 '신묘장
구대다라니'에 여러 경전의 좋은 글들과 조사 스님들의 훌륭한 글
을 넣어서, 전송(前誦 : 정구업진언부터 나무본사아미타불까지)과 후송(後誦
: 사방찬부터 나무상주시방승까지)을 넣어서 한국의《천수경》을 만들고
봉독하게 된 것입니다.

《천수경》이라고 할 때의 '천수(千手)'는 '천수천안(千手千眼)'의 줄임

말입니다. 천수천안이란 '천 개의 손과 천 개의 눈'이라는 뜻이지요. 이 '천수천안'은 '천수천안 관자재보살'의 준말입니다. 관자재보살은 관세음보살의 다른 이름이지요. 관세음보살은 천 개의 손과 천 개의 눈을 가지셨습니다. 관세음보살은 자비심이 너무 크기 때문에 온 세상의 모든 중생들을 보살피려면 한 개의 눈 한 개의 손으로는 부족합니다. 관세음보살은 천 개의 눈 천 개의 손으로 모든 중생들을 보살핍니다. 사실 이때의 '천'이라고 하는 숫자는 꼭 1천 개를 말하는 것이 아닙니다. 이런 경우 한자로는 가득 찰 만(滿)자를 써서 만수(滿數)라고 하는데, 필요한 경우에 충분한 숫자라는 뜻이지요. 다시 말해서 천수천안 관세음보살이란 중생들에게 관세음보살의 눈길과 손길이 필요하다면, 그 어느 곳에도 눈길이 닿지 않는 곳이 없고 손길이 미치지 않는 곳이 없다는 뜻입니다. 천수천안 관세음보살은 이처럼 무한한 눈길과 손길로 중생들의 아픔을 보시고 어루만져 주시는 분입니다.

그러므로 《천수경》은 첫째 천수천안 관세음보살님을 설하는 경전입니다. 즉 《천수경》은 관세음보살에 대한 이해와 믿음을 해설하고 있는 경전이라는 뜻입니다. 둘째 《천수경》은 천수천안 관세음보살님이 설하는 경전입니다. 바꾸어 말하자면 《천수경》은 관세음보살이 우리들에게 가르침을 전해 주시는 말씀으로 되어 있습니다. 셋째 《천수경》은 천수천안 관세음보살님께 말하는 경전입니다. 우리는 《천수경》의 봉독을 통해서 관세음보살님께 올리고 싶은 말씀들을 바치게 되기 때문입니다. 이렇게 보면 《천수경》은 한 마디로 관세음보살의, 관세음보살에 의한, 관세음보살을 위한 경전입니다.

대성자모(大聖慈母) 관세음보살

우리는 사생자부(四生慈父) 석가모니불, 대성자모(大聖慈母) 관세음
보살이라는 말을 자주 하고 듣습니다. 사생자부란 '온 생명의 자비
로우신 아버지'이신 석가모니 부처님이라는 뜻이고, 대성자모란 '위
대한 성인이시며 자비로운 어머니'이신 관세음보살님이라는 뜻입니
다. 석가모니 부처님은 아버지에 비유하고 관세음보살님은 어머니에
비유합니다. 물론 아버지도 자비로울 수 있습니다. 그러나 아무래도
아버지보다는 어머니가 자비와 더 잘 어울립니다. 그래서 우리나라
의 옛말에도 엄부자모, '엄한 아버지와 자애로운 어머니'라는 말이
있지 않습니까. 관세음보살님을 어머니에 비유한 것은 관세음보살님
의 자비로움이 마치 어머니가 갓난 자식을 보살피듯이 그렇게 지극
하기 때문입니다. 그래서 '애민중생여적자(哀愍衆生如赤子)', 즉 "중생
을 불쌍히 여기기를 마치 갓난 자식 보듯 하신다."라고 하는 것입니
다. 《천수경》은 바로 이러한 대성자모 관세음보살님께서 설하신 경
전입니다.

관세음보살님의 가피력

관세음보살님은 갓난 자식을 돌보는 어머니처럼 중생을 향한 지

극한 자비심을 갖추고 계시기 때문에 우리가 관세음보살님께 믿고 의지하는 마음을 지니게 되면 틀림없이 그 가피를 받을 수 있습니다. 관세음보살님은 지극한 자비의 화신이기 때문에, 이 《천수경》을 수지하기만 해도 일체의 업장이 모두 소멸되고, 일체의 귀신들이 침입하지 못합니다. 특히 이 《천수경》에 있는 82구의 천수다라니를 지극 정성으로 외우면 시방세계의 모든 불보살의 가피력으로 온갖 죄업을 소멸하게 된다고 합니다.

여러분들은 스님들이 관음기도를 시작하기 전에 '나무 원통교주 관세음보살, 나무 도량교주 관세음보살, 나무 원통회상 불보살'이라고 읊는 것을 들으신 적이 있을 겁니다. 원통(圓通)이란 말은 두루두루 남김없이 다 통한다는 말입니다. 그분께 기도 드리면 이루어지지 않는 것이 없다는 말입니다. 또 관음기도를 올릴 때에 '나무 보문시현 원력홍심 대자대비 구고구난 관세음보살(普門示現 願力弘深 大慈大悲 救苦救難 觀世音菩薩)' 이렇게 정근하기도 합니다. 보문시현의 뜻은, 관세음보살님께서 언제 어느 곳에나 나투시지 아니하는 곳이 없다는 말씀입니다. 또 원력홍심이란, 원력이 대단히 넓고 깊어서 모든 중생들을 남김없이 제도하시는 분이라는 뜻입니다. 대자대비 구고구난은 위대한 자비로 모든 중생들의 마음 가운데 있는 고통과 액난을 남김없이 소멸시켜 주신다는 의미입니다.

이처럼 우리의 소원을 관세음보살님 전에 지극 정성으로 기도하면 두루 성취되지 아니함이 없습니다. 관세음보살님은 현실세계 모든 사람들의 마음과 생활 가운데 담겨 있는 온갖 고통들을 제거해 주시고 우리를 해탈열반으로 이끌어 주시는 분이기 때문입니다. 예로부터 이러한 관세음보살님의 자비로운 가피력에 관한 영험담은 헤아릴 수 없이 많습니다.

《삼국유사》 제4권 〈자장율사조〉에 보면, 역시 관세음보살님의 가피에 관한 내용이 나옵니다. 자장율사의 아버지가 대를 이을 아들이 없어서 지극한 기도를 하기로 했습니다. 그래서 천좌(千座)의 관세음보살상을 조성한 뒤 그 공덕으로 자장율사라는 뛰어난 인재를 얻었다고 하는 기록이 나옵니다. 자장율사는 이렇게 관세음보살님의 공덕으로 부처님과의 인연이 두터운 집안에서 태어나 대단한 큰스님이 되신 분입니다.

또 신라시대의 의상대사 역시 관음신앙의 대표적인 인물로 알려져 있습니다. 우리가 잘 알고 있는 저 낙산사의 홍련암은 의상대사와 관련된 설화가 지금도 전해 내려오고 있습니다. 의상대사는 홍련암에서 목숨을 내건 기도를 한 끝에 관세음보살님을 친견했습니다. 의상대사의 〈백화도량발원문(百花道場發願文)〉을 보면, "저는 몸과 마음을 다해서 관세음 대성인을 지극히 받들어 섬깁니다. 이 세상 모든 중생들이 관세음보살 대비신주를 외우고, 천수천안 관세음보살님의 명호를 생각하며, 다 함께 관세음보살님의 원통삼매에 들게 되기를 원합니다."라는 구절이 나옵니다. 의상 스님의 이 〈백화도량발원문〉은 《천수경》에 관한 한국에서 가장 오래된 기록입니다.

일본 불교의 영험록에는 멸치를 기둥에 끼워 놓고 기도를 하기만 해도 관세음보살님이 현신(現身)한다는 이야기가 있습니다. 일본의

막부시대에 전국의 젊고 예쁜 여자들만을 골라 돈 있고 권력 있는 이들에게 갖다 바치던 채홍사라는 제도가 있었습니다. 그런데 그 당시에는 채홍사에 뽑혀 에도(東京)로 올라온 여인들 가운데는 불행한 일생을 사는 이들도 있었지만, 좋은 집안으로 뽑혀 가서 일생을 영화롭게 사는 이가 더 많았습니다. 그래서 특히 어렵게 살던 사람들은 대부분 자신들의 딸이 채홍사에 간택되는 것을 굉장한 영광으로 알았습니다. 그러나 자식과 생이별을 해야 하기 때문에 자신의 딸이 간택된 경우, 우선은 좋으면서도 한편으로는 아픈 마음을 금할 수 없었습니다.

어느 날 한 부인이 우물가에서 빨래를 하던 중, 스님 한 분이 지나가기에 자초지종을 얘기하고 간택된 딸의 발복(發福)을 위해 도움을 달라고 청했습니다. 그러자 스님은 종이를 꺼내 무엇을 적어 주고 가는데, 집에 와서 조심스레 펴 보니 아무 것도 없고 다만 '나무관세음보살' 일곱 글자가 적혀 있더랍니다. 그러나 불심이 돈독한 어머니는 이를 하찮게 여기지 않고 복주머니에 정성스럽게 넣어 딸에게 주면서 아무리 힘들고 괴롭더라도 꼭 이를 지니고 관세음보살님께 항상 기도하라고 당부를 했습니다. 딸아이는 도쿄로 올라가서 열심히 일을 하면서 이것을 까맣게 잊고 있었습니다. 하루는 빨래를 하다가 그 종이를 넣은 주머니가 걸리적거렸습니다. 그래서 얼핏 우물가의 기둥에 갈라진 틈을 발견하고는 이것을 그곳에 넣어 두었습니다. 그리고 빨래를 하러 올 때마다 심심풀이 삼아 그 기둥에 대고 합장배례를 하고 '나무관세음보살' 하며 일곱 글자를 외웠습니다. 그랬더니 어머니의 당부를 지키지 못해서 께름칙하고 찝찝하던 마음이 조금씩 편안해지더랍니다. 그래서 그 후에는 이 기둥을 지날 때마다 '나무관세음보살'의 일곱 글자를 소리 내어 외웠습니다. 기분이 풀리고 마음이 후련해진 뒤부터 고운 얼굴에 부쩍 더 생기가 돌고 매력이 드러나기 시작했습니다. 계속되는 이런 행동을 통해 더욱 마음의 위로와 평화를 느끼게 된 그녀는 이제 관세음보살 기도를 열심히 계속하게 되었습니다.

  예쁘게 성숙해 가는 그녀는 그 집 맏아들의 눈에 띄게 되고 드디어 사랑을 받게 되었습니다. 그러자 이를 시샘하기 시작한 다른 몸종들은 어째서 이 촌뜨기 소녀가 영주 아들의 사랑을 차지할 수 있었는지 그 이유를 알고 싶어져서 그녀의 일거수 일투족을 유심히 살피기 시작했습니다. 결국 이 소녀가 우물가 빨래터의 나무 기둥에 대고 절을 하는 이상스런 모습을 보게 되었습니다. 그들은 기둥을 자세히 뒤져 보고 거기에서 '나무관세음보살'이라 적힌 쪽지를 발견하였습니다. 그래서 그들은 이를 어리석게 여기고 그녀를 놀려 주기 위해 그 종이에 냄새나는 썩은 멸치를 싸서 넣어 두었습니다. 그러나 그녀는 이를 모르고 계속 절을 하며 나무관세음보살을 외웠습니다. 그러자 몸종들은 어리석은 바보가 멸치에 대고 절을 한다고 비웃었습니다. 그래도 관세음보살을 향한 기도를 통해 마음의 위안과 평화를 느낀 그 소녀는 아랑곳하지 않고 기도를 계속했습니다. 그 소녀에게서 아무런 반응이 없자 다른 소녀들은 그것이 멸치임을 확인시켜 창피를 주려고 기둥에서 그 종이를 꺼내 펴서 보여 주었습니다. 종이를 펴드는 순간 냄새나는 썩은 멸치는 관세음보살로 변하여 허공으로 날아올라 갔다고 합니다. 결국 그 소녀는 그 집 안주인이 되고 영주의 자리를 물려받은 그녀의 남편은 후에 왕위에 올랐다고 합니다.

우리는 이 영험담을 통해서 믿는 마음이 돈독하면 쓰레기통에서도 관세음보살님이 현신한다는 가르침이 결코 헛말이 아님을 알 수 있습니다. '나무관세음보살' 일곱 글자를 외우는 데서도 이 같은 가피를 입을 수 있는데 하물며 《천수경》을 지니고 신묘장구대다라니를 지극 정성으로 외운다면 얼마나 큰 공덕과 가피를 입겠습니까! 《천수경》을 독송한 공덕은 이처럼 무량한 것입니다. 이 경을 독송하면서 몸과 마음에 익어지면 여러분들 눈에 보이지는 않지만 부처님의 알 수 없는 신비한 기운이 몸에 배이게 됩니다.

《천수경》을 지니고 신묘장구대다라니를 지극 정성으로 독송하는 마음은 자비를 갈고 닦는 마음과 다름없습니다. 《천수경》을 지니고 신묘장구대다라니를 지극 정성으로 끊임없이 독송하고, 그 내용을 깨닫고, 그 내용대로 살아가는 사람들은 항상 부처님을 마음 속에 담을 수밖에 없으며, 결국 대자대비한 마음으로 일체 중생들을 구제하고 보호하려는 마음으로 가득 차게 되어 있습니다. 그 결과 그 사람은 모든 중생들에게 자비를 베풀 수 있는 마음의 문이 열립니다. 끊임없이 부처님 말씀을 듣고 그대로 따라 살다 보면 마음 가운데 평안과 여유가 생겨나서 항상 모든 사람들에게 베푸는 마음이 솟아납니다. 그런 사람은 하늘과 땅과 온 세상이 도와주게 되니다. 그야말로 관세음보살님의 가피를 입게 되는 것이지요. 그런 사람에게는 모든 액난이 피해갑니다. 《천수경》의 무수한 호법선신(護法善神)들이 옹호하시기 때문입니다. 《천수경》을 모시는 분들은 호법신장들이 항상 가호합니다. 《천수경》이 있는 곳에는 호법신장들이 항상 함께합니다. 그래서 집에서나 어디에서나 항상 《천수경》을 독송하고 그대로 실천하라고 하는 것입니다. 어떤 보살님은 새벽예불 때, 그리고 낮에, 또 좋은 일이든 나쁜 일이든 기회가 있을 때마다 《천수경》을 계속하다 보면 하루에 일곱 번 여덟 번까지도 봉독을 하게 된다고 합니다.

늘 기도하는 마음으로 살아가면 모든 일이 잘 풀려 갑니다. 마음이 평안하기 때문입니다. 늘 기도하는 자세로 살아가는 사람에게는 알 수 없는 힘이 작용합니다. 호법신장들과 불보살의 가피로 보살펴주기 때문입니다.

제 2 장

천수경의
구조와 의미

1. 개경(開經) : 진리의 창고를 열어 주소서

《천수경》의 본문 해설에 들어가기 전에 먼저 이 경의 전체 구조를 살펴보도록 하겠습니다. 이 경은 다음의 열 단계 구조로 나누어 보면 그 전모가 아주 잘 드러나 보입니다.

《천수경》의 전체적 구조

1. 개경(開經) : 정구업진언 ~ 개법장진언

2. 계청(啓請) : 천수천안 ~ 소원종심실원만

3. 별원(別願) : 나무대비관세음 ~ 자득대지혜

4. 별귀의(別歸依)·소청(召請) : 나무관세음 ~ 아미타불

5. 다라니(陀羅尼) : 신묘장구대다라니

6. 찬탄(讚歎) : 사방찬, 도량찬

7. 참회(懺悔) : 참회게 ~ 참회진언

8. 준제주(准提呪) : 준제공덕취 ~ 원공중생성불도

9. 총원(總願) : 여래십대발원문, 사홍서원

10. 총귀의(總歸依) : 삼귀의

《천수경》의 구조에서 보이는 특징

㉠ 별원(別願)과 총원(總願) : 《천수경》에는 별원과 총원이라는 개념이 등장합니다. 별원은 개별적이고 특수한 것을 말하며 총원은 전체적이고 보편적인 것을 말합니다. 또 총귀의는 삼보에 대한 전체적 귀의를 의미하는 것이고 별귀의는 관세음보살을 중심으로 보살한 분 한 분에 대한 개별적 귀의를 뜻하는 것입니다.

㉡ 별원(別願)에서 총원(總願)으로 : 《천수경》은 전체적인 구조에서 보이듯이 개별적인 소원의 성취를 비는 별원에서 전체적이고 보편적인 발원인 총원으로 발전해 가고 있습니다. 이는 구체적이고 개별적인 신앙에서 출발해서 보다 일반적이고 보편적인 신앙으로 승화되어 가는 구조입니다.

㉢ 《천수경》의 중심은 다라니 : 《천수경》은 다라니(Dhārani)를 중심축으로 내용이 구성되어 있습니다. 신묘장구대다라니를 중심으로 해서 그 앞뒤로 《천수경》의 내용들이 배열되고 있습니다.

㉣ 육행(六行)의 구족 : 《천수경》의 핵심은 물론 다라니입니다. 그러나 《천수경》은 단순히 다라니만을 독송하는 차원을 넘어 대승불교의 기본적 수행인 육행을 구족하고 있습니다. 육행이란 대승불교

의 여섯 가지 실천으로서 기도, 발원, 귀의, 송주, 찬탄, 참회를 말합니다.

ⓜ 오문(五門)의 구족 : 《천수경》은 또한 다섯 가지 실천문을 모두 구족하고 있습니다. 오문이란 예경문, 공양문, 참회문, 발원문, 지송문을 말합니다.

이상의 전체 구조에서 볼 수 있듯이 《천수경》은 다라니를 중심으로 하면서도 다라니의 독송만이 아니라 대승불교의 기본적인 수행 방법인 발원, 귀의, 찬탄, 참회 등을 논리적 단계에 따라서 배열하고 있습니다. 따라서 《천수경》은 한 번 독송을 하게 되면 기도, 발원, 귀의, 송주, 찬탄, 참회의 여섯 가지 실천을 다 갖추도록 주도면밀하게 편집된 경전인 것입니다.

보례진언(普禮眞言)

내 이제 이 한 몸을 한없는 분신 몸으로 나투어서, 시방삼세 삼보님께 빠짐없이 우러러 절합니다.

옴 바아라 믹

보례진언은 원래 《천수경》은 아닙니다. 그러나 어떤 의례를 실행하든지 지금 의례를 올리는 삼보뿐만 아니라, 시방삼세에 계시는 모든 삼보님께 빠짐없이 예를 올린다고 고해 바치는 진언입니다. 그러기 위해서는 이 한 몸을 수없는 분신으로 만들어야 합니다. 그래야 시방삼세의 모든 삼보님 전에 낱낱이 나아가 예를 올릴 수 있기 때문입니다.

정구업진언(淨口業眞言) : 구업을 청정케 하는 진언

수리수리 마하수리 수수리 사바하 (3번)

정구업진언은 입으로 지은 죄, 즉 말로 지은 죄를 깨끗이 하자는 진언입니다. 이 정구업진언을 《천수경》의 맨 앞에 놓은 데는 이유가 있습니다. 우선 우리는 경전을 입으로 외웁니다. 이 거룩한 경전을 외우는 입을 깨끗하게 하지 않으면 안 됩니다. 그래서 무엇보다도 먼저 입을 깨끗하게 하는 것입니다.

그러나 정구업진언을 《천수경》의 맨 앞자리에 놓은 것은 이보다도 더 중요한 의미가 있습니다. 우리는 몸과 말과 뜻의 세 가지로 업을 짓습니다. 신·구·의의 세 가지 업 중에서 말로 짓는 업이 가장 우선입니다. 마음을 맑히려면 먼저 입으로 경전을 읽어야 합니다. 입으로 경전을 읽어서 귀에 들려 주어야 마음이 정화됩니다.

그러니 말의 중요성은 아무리 강조해도 지나치지 않습니다. 우리는 인생을 살아가면서 말 한마디가 우리들의 삶을 결정짓는 예를 많이 봅니다. 옛말에 '입살이 보살'이라 하고 '말이 씨가 된다'고 했습니다. 우리가 하는 말은 위대한 창조력을 지니고 있습니다. 그러기에 허술한 말을 하거나 부정적인 말, 좋지 못한 말을 쓰게 되면 곧바로 그 말은 앞날에 부정적인 상황을 만들고 미래를 나락으로 이끌고 가는 원흉으로 둔갑하기도 합니다. 그래서 경전의 제일 처음에 입으로 짓는 업을 맑히는 정구업진언을 하게 된 것입니다.

생각해 보십시오. 우리들의 행복과 불행은 결국 마음이 결정합니다. 행복하고자 한다면 마음을 알아야 하고〔知心〕, 마음을 깨달아야 하며〔覺心〕 마음을 바로 써야〔用心〕 합니다. 모든 말과 행동도 마음에서 나옵니다. 또한 모든 말과 행동은 마음으로부터 나와 다시 마음으로 흘러들어 갑니다. 결국 말과 생각과 행동이 마음에서 나와 마음으로 흘러드니 말과 행동을 다잡는 것이 바로 마음을 바로 쓰는 첫걸음입니다.

거짓말〔妄語〕 대신에 참말〔眞實語〕을 해야 하고, 이간질하는 말〔兩舌〕 대신에 화합하는 말〔和合語〕을 해야 하며, 화려하게 꾸며 대는 말〔綺語〕 대신에 있는 그대로 곧고 질박하게 하는 말〔質直語〕을 해야 하며, 험악한 말〔惡口〕 대신에 부드럽고 고운 말〔柔順語〕을 해야 합니다. 그렇습니다. 마음을 잡으려면 말을 잡아야 합니다. 우리는 말을 잡기 위해 염불하고 기도하고 절을 하는 것입니다. 그래서 우리는 늘 정구업진언을 외워야 합니다.

오방내외안위제신진언(五方內外安慰諸神眞言) : 오방내외 신중을 편안하게 모시는 진언
나무 사만다 못다남 옴 도로도로 지미사바하 (3번)

이 진언은 동서남북과 자기가 서 있는 곳, 즉 오방내외의 여러 신들을 평안하게 하는 진언입니다.

오방내외는 시방이라는 말과 통하므로 온 세상을 뜻합니다. '안위'는 편안하게 해 드린다는 뜻입니다. 온 우주의 모든 신들을 편안케 해 드리는 진언입니다. 《천수경》은 "입을 청정히 하라. 진리에 입각한 말을 하라. 그리고 그 깨끗한 입과 깨끗한 마음으로 오방내외에 계시는 모든 신장들에게 예경을 올려라."라고 하는 것에서부터 기도를 시작하는 것입니다. 오방내외, 즉 시방삼세에 계신 무한한 차원의 많고 많은 무량한 제불보살과 화엄신장께 지극한 마음으로 기도하고 정진하며, 감사하는 마음으로 "안녕하십니까, 부디 평안하십시오." 하며 예경을 올리고 인사를 드리는 것입니다.

다른 종교를 경험하고 불교로 들어온 사람들은 대부분 불교가 어렵다고들 합니다. 그들은 좋은 일이 생겨도 하나님 뜻, 나쁜 일이 생겨도 하나님 뜻, 아들이 대학교 떨어져도 하나님 뜻, 길을 가다가 망신을 당해도 하나님 뜻, 다 하나님 뜻입니다. 자기가 망신을 당하면 자기가 무언가 잘못해서 망신을 당한 것이라 생각하지 않고 하나님 뜻이라 생각하는 것입니다. 그들은 자기 스스로 자기를 향상시키려는 노력을 포기하고 그저 하나님에게만 모든 것을 의탁합니다. 그러나 불교는 결코 자신의 노력 없이 외부의 무엇에 자신을 의탁하지 않습니다. 불자들은 신적인 존재들에게 스스로를 의탁하려 하지 않고, 오히려 자신의 힘으로 그들을 편안케 해 주고자 합니다. 인간에 대한 무한한 자긍심을 가지고 있는 것입니다.

개경게(開經偈) : 경전을 펴는 게송

무상심심미묘법(無上甚深微妙法)

백천만겁난조우(百千萬劫難遭遇)

아금문견득수지(我今聞見得修持)

원해여래진실의(願解如來眞實義)

위없이 심히 깊은 미묘한 법을

백천만겁 지난들 어찌 만나랴.

제가 이제 보고 듣고 받아 지니니

부처님의 진실한 뜻 알아지이다.

　개경게는 부처님의 법을 찬탄하며 펴는 글입니다. 부처님께서 가르쳐 주신 진리를 찬미하는 중요한 게송입니다. 《천수경》을 독송할 때의 '무상심심미묘법', 즉 위없이 높고 미묘한 진리라고 하는 것은 바로 신묘장구대다라니, 자비의 어머니 관세음보살이 설하시는 자비의 다라니를 가리킵니다.

　'백천만겁난조우', 참으로 백천만겁이 지나도록 만나기 어려운 부처님 법입니다. 만나기 어려운 법을 만난 이때 열심히 닦아야 합니다. 부처님께서는 4난(難)이 있다고 하셨습니다.

　첫 번째, 치불난(値佛難)입니다. 만날 치(値), 부처님을 만나 뵙기가 어렵다는 것입니다. 부처님을 직접 만나 제도 받으면 얼마나 좋을까요? 부처님께서 태어나실 그때에 같이 태어나서 부처님을 만나는 공덕은 참으로 무량하다는 것입니다.

　두 번째, 설법난(說法難)입니다. 다른 사람하고 이야기하다가 그들 마음에 무언가 아로새겨질 말을 한다는 것은 쉬운 일이 아닙니다. 부처님께서 설법난이라고 했습니다. 어려운 법일수록 자주 많이 들어야 되고 설해야 됩니다. 연습이 천재를 만듭니다. 연습도 하지 않고 무엇을 잘할 수 있겠습니까? 기회가 있을 때마다, 시간이 날 때마다 말을 잘 못하더라도 불교를 얘기하세요. 얘기하다 보면 말문이 트이고 입도 열립니다. 이렇게 자꾸 반복하다 보면 많은 사람들의 심금을 울릴 수 있는 말을 할 수 있게 됩니다.

　세 번째, 문법난(聞法難)입니다. 법을 얻어 듣기가 힘들다는 것입니다. 부처님 법을 해설하는 장소가 어디이건 열심히 찾아가 들어야 합니다. 법을 듣기 위해서는 '내가 누군데' 하는 아만심이나 교만심은 버리십시오. 그 누구의 말이라도 경청해 주십시오. 마음에 상(相)이 생기면 상대방의 말을 제대로 듣고 싶은 마음이 나지를 않습니다. 초등학교 다니는 어린아이들 말이라도 경청해 들어야만 할 때가 있습니다. 설령 얘기하는 것이 유치하고 수준이 떨어진다 해도 귀 기울여 들어 주는 자세가 필요합니다. 슬기로운 인물이 되고 부처님의 제자가 되려고 하면 부처님 법 듣는 마음 자세가 중요한 것입니다.

　네 번째, 신수난(信受難)입니다. 이 세상에는 진정으로 부처님의 가르침을 믿고 받아들일 수 있는 사람이 그리 많지 않습니다. 부처님을 믿고 받아들이기가 어렵다는 것입니다. 참된 신심이 생겨나기가 어렵다는 얘기입니다. 많은 사람들이 불자라고 하면서 절에 다니지만 그 가운데서 진정한 불심을 가진 사람은 많지 않습니다. 많은 사람들이 부처님의 제자가 되어 출가하지만 진정으로 믿음을 가진 사람은 흔치 않습니다.

치불난, 설법난, 문법난, 신수난의 경계는 모두 보통 사람의 마음 가운데 갈고 닦기가 어려움을 의미하는 내용입니다. 법을 설하기 어렵고, 법을 참된 마음으로 듣기 어렵고, 법을 바로 믿어 받아들이기 어렵고, 부처님을 만나기 어려운 경계를 생각해서 항상 마음을 갈고 닦는 자세를 가다듬으시기를 바랍니다.

이러한 4난 외에 또 다른 차원의 4난이 있습니다. 첫째 인신난득(人身難得), 사람의 몸 받기 어렵고, 둘째 남자난득(男子難得), 사람으로 태어나도 남자 되기가 어렵고, 셋째 불법난봉(佛法難逢), 사람으로 태어나 남자가 되어도 불법을 만나기 어려우며, 넷째 위승난행(爲僧難行), 사람으로 태어나 남자가 되고 또 불법을 만나더라도 스님 되기가 어렵다는 것입니다.

사람의 몸 받기가 어렵다는 사실은 부처님께서 기회가 되실 때마다 말씀하셨습니다. 눈먼 거북이가 태평양 바다에서 판자 쪽 하나 만나기만큼 어렵다고도 말씀하셨습니다. 사람의 몸 받기 어려운데 태어난 이상 후회되지 않는 삶을 살아가도록 최선을 다하여야 할 것입니다.

또 남자로 태어나기도 어렵다고 합니다. 부처님께서 이처럼 말씀하신 그 속뜻을 다 알 길은 없습니다만, 현재의 사회적 여건에서 여자의 몸을 받는다는 것은 여러 가지 핸디캡이 많음을 부인할 수 없는 일이 아닌가 생각되기도 합니다.

또 부처님은 진리를 만나기가 참으로 힘들다고 기회 있을 때마다 말씀하셨습니다. 갖가지 삿된 법이 창궐하는 이때, 정법을 만난다는 것은 여간한 인연 아니고서는 어려운 일입니다. 만나기 어려운 불법을 만난 우리들은 몸과 마음을 다해 열심히 불법을 연마해야 할 것입니다.

또 부처님께서는 수행자 되기가 힘들다는 사실을 말씀하셨습니다. 생각해 보면 수행자가 된다는 것은 여간 어려운 일이 아닙니다. 머리 깎고 수행자로 산다는 것은 많은 어려움이 있을 수밖에 없습니다. 요행으로 스님이 되는 인연을 가졌더라도 참다운 스님으로 살아가는 일은 지극히 어렵습니다.

《천수경》을 독송하는 사람은 아금문견득수지(我今聞見得受持), 그렇게 만나기 어려운 법을 이제 만나서 받아 지니게 된 것입니다.

원해여래진실의(願解如來眞實義), 마음 가운데 부처님 말씀을 아로새기겠사오니, "원하옵건대 여래의 진실한 뜻을 깨닫게 하여 주시옵소서."라는 의미입니다. 진(眞)은 '참'입니다. '참'이라야만 열매(實)가 열리는 것입니다. 참된 말과 참된 행동, 참된 마음만이 공덕을 가져옵니다. 부처님의 진리를 깊이 믿고 진리만을 말하는 것이 진실(眞實)의 말이며 참된 말이며 부처님을 올바르게 찬양하는 말입니다. 믿고 찬양하는 참말은 위대한 성취력을 지니며 위대한 열매를 거두게 되는 것입니다. 참된 말, 진리의 말만이 위대한 창조의 힘을 나타냅니다. 참된 말은 참된 열매를 가져오고 위대한 성취를 가져오며, 위대한 창조를 가져옵니다. 거짓말, 삿된 말을 해서는 미래를 보장받을 수 없습니다. 이루어지는 것이 없습니다. 고통이 옵니다. 인생을 의미 없이 바보처럼 보내 버리게 됩니다. 부처님 말씀은 진실입니다. 참되기 때문에 항상 위대한 성취가 가능하고 위대한 창조의 힘이 양성됩니다.

개법장진언(開法藏眞言) : 법장을 여는 진언

옴 아라남 아라다 (3번)

이 진언은 진리의 창고를 여는 진언입니다. 이제 드디어 진리의 창고를 여는 순간입니다. 경전은 진리의 창고입니다. 문자 그대로 법의 곳집입니다. 진리의 창고를 열면 본경(本經)이 나옵니다. 부처님의 경전은 무량무변한 법의 창고입니다. 아무리 퍼내도 마르지 않는 바다입니다. 부처님의 법장을 여는 마음은 무량무변한 공덕의 창고를 여는 마음입니다. 그 마음을 표출하는 진언입니다. 참된 공덕의 세계를 발원하는 사람들은 부처님의 무진법장, 다함이 없는 진리의 창고를 여십시오. 경전을 펼치십시오. 그 자리에 무량한 보배가 가득함을 결코 잊지 마십시오.

2. 계청(啓請) : 관세음보살님께 청하옵니다

천수천안관자재보살 광대원만무애대비심대다라니 계청
(千手千眼觀自在菩薩 廣大圓滿無碍大悲心大陀羅尼 啓請)
천수천안 관음보살
광대하고 원만하며
걸림 없는 대비심의 다라니를 청하옵니다.

《천수경》의 몸체는 '신묘장구대다라니'입니다. 그리고 신묘장구대
다라니의 본래 이름이 '천수천안관자재보살 광대원만무애대비심대
다라니'입니다. 또 '천수천안관자재보살 광대원만무애대비심대다라
니'라는 이름은 당나라의 가범달마 스님께서 번역하신《천수천안관
자재보살 광대원만무애대비심대다라니경》에서 취해 온 것입니다.
신묘장구대다라니는 '천수천안관자재보살 광대원만무애대비심대다
라니'의 신묘한 공덕을 높이 칭송한 이름입니다.

'계청'이라고 하는 것은 바야흐로 경을 열기 시작하면서 "천의 손
과 천의 눈을 가지신 관세음보살의 넓고 크고 원만하여 걸림 없는
대 자비심의 큰 다라니를 깨우쳐 주시기 청하옵니다."라고 관세음보
살님께 권청하는 것입니다. '계청'이라고 할 때의 계(啓)자는 계몽할
계, 깨우칠 계입니다.

이처럼 우리는《천수경》을 외울 때 뜻을 상기하고 음미하면서 외
워야 합니다. 뜻도 모르면서 그저 앵무새처럼 큰 소리로 따라 하기

만 한다면 경전을 외우는 공덕은 그만큼 적어지는 것입니다.

천수천안은 이미 앞에서 말씀드렸고, '광대원만무애대비심'이란 관세음보살님의 공덕이 너무나 넓어서 헤아릴 수 없다는 뜻입니다. 관세음보살님은 하늘처럼 끝이 없고 바다처럼 깊이를 알 수 없는 존재입니다. 우리 중생들의 깜냥으로는 도저히 헤아릴 수 없는 초월적인 분이며 불가사의한 존재입니다. 그러므로 관세음보살님께서 우리들에게 자비심을 베푸실 때에는 어떠한 걸림도 장애도 없다는 뜻입니다. 마치 햇살이 비칠 때나 비가 내릴 때, 어떤 곳에는 비추고 내려 주며, 어떤 곳에는 안 비추고 안 내려 줌이 없이 모든 곳에 골고루 내리는 것과 마찬가지로 관세음보살님의 자비는 어떠한 걸림도 장애도 없이 모든 중생에게 골고루 내린다는 뜻입니다. 물론 믿음이 없고 선업이 없는 곳에는 덜 비추고 덜 내립니다. 햇살이 비추어도 응달이 있는 것처럼 말입니다.

이처럼 관세음보살님의 가피는 온 세상 어느 곳에도 없는 곳이 없습니다. 다만 우리가 그것을 믿지 않고 받을 준비가 되지 않았을 뿐입니다. 우리가 관세음의 공덕을 믿고 받을 준비만 갖춘다면 관세음보살이 항상 우리와 함께하고 있음을 깨닫게 될 것입니다. 확고부동하게 관세음보살의 실존을 믿어야 합니다. 관세음보살님은 온 세상에 가득 찬 자비의 화신이라는 사실을 확고히 믿어야 합니다. 스님들도 마찬가지입니다. 이처럼 확고부동한 심지(心地)를 가지고 믿음을 분명히 심어 주어야만 합니다. 확고부동하지 못하면 불퇴전이 되지 못하고 늘 흔들흔들합니다.

광대원만하고 무애한 관세음보살님의 대자비심은 우리의 생명과 우리 국토, 온 세계에 항상 넘치고 있습니다. 단지 믿음이 부족하고 기도가 부족하며 체험해 보지 못해 그럴 뿐이지 관세음보살님의 은혜는 온 우주에 넘실대고 있습니다. 부처님의 자비는 이 세상에 가득히 넘치고 있습니다. 우리 중생들은 이렇듯 부처님의 거룩한 광명과 은혜로 살고 있으면서도 이 사실을 모르고 있을 뿐입니다.

확고한 믿음을 가진 사람은 우리와 함께하시는 관세음보살님께 항상 감사하는 마음으로 살게 될 것입니다. 그리고 자신의 인생을 행복한 인생으로 느끼게 될 것입니다.

계수관음대비주(稽首觀音大悲呪)
원력홍심상호신(願力弘深相好身)
천비장엄보호지(千臂莊嚴普護持)
천안광명변관조(千眼光明遍觀照)

자비하신 관세음께 절하옵나니
크신원력 원만상호 갖추시옵고
천손으로 중생들을 거두시오며
천눈으로 광명비춰 두루살피네

이제 여기서부터는 우리가 믿고 의지할 관세음보살님에 대한 찬탄과 찬송이 시작됩니다. '천수천안관자재보살 광대원만무애대비심대다라니'를 시작하기 전에 그 위대한 관세음보살님에 대한 찬탄을 펼치는 것입니다. 관세음보살님에 대한 진정한 믿음을 갖는 사람은 그 위대한 자비에 고개 숙이고 찬탄하지 않을 수 없는 것입니다. 그리고 그 찬송의 끝에서 발원을 세우는 것입니다.

'계수관음대비주'의 '계수'라는 말은 머리를 조아린다는 의미입니다만, 머리를 조아린다는 것은 귀의(歸依)한다는 뜻입니다. '계수'의 참뜻은 몸과 마음을 다 던진다, 즉 생명을 바쳐서 의지한다는 의미를 담고 있습니다.

관세음보살님의 거룩한 다라니를 공부하기에 앞서 우리의 마음 자세는 문자 그대로 머리를 조아리는 마음이어야만 합니다. 신체의 어느 한 부분이 중요하지 않은 곳이 있겠습니까마는 그 중에서도 머리는 가장 중요한 부분입니다. 그러므로 머리를 조아린다는 것은 진실로 모든 것을 바친다는 의미입니다. 관세음보살님의 다라니를 공부하고 깨우칠 때 과연 어떠한 마음의 자세이어야만 하는 것인가를 숙연히 생각해 보아야만 합니다. 머리를 조아리고 자기를 낮추는 마음 가운데 마음의 문이 열립니다. 교만한 마음으로는 관세음보살님의 가피를 기대할 수 없습니다.

불교에는 수많은 수행법이 있습니다. 그 중의 하나는 절입니다. 우리가 108배, 3천배 등 끊임없이 절을 올리는 이유는 한없이 나를 내려 낮추는 마음의 표시입니다. 스스로를 들어 높이고자 하는 사람은 결코 높아질 수 없습니다. 나를 낮추는 가운데 높아지는 도리가 있습니다.

참다운 불제자, 참다운 수행자들은 마음속으로부터 우러나오는 진정한 '계수'하는 마음으로 시작해야 합니다. 관세음보살님과 관세음보살님의 위대한 자비의 다라니, 즉《천수경》에 머리 숙여 보십시오. 열반과 해탈의 문은 바로 거기서부터 열립니다. 자신을 낮추는 데서부터 영원한 행복의 문이 열립니다. 자신을 들어 높이고자 하는 데서부터 고통과 불행이 시작됩니다. 항상 절하십시오. 끝없이 자신을 낮추는 기도를 하십시오. 그렇게만 한다면 드디어 인생이 행복하다는 것을 느낄 수 있을 것입니다.

　'원력홍심상호신'의 의미는 관세음보살님의 원력이 넓고 깊다는 것을 의미합니다. 관세음보살님은 온 세상의 중생들을 한 명도 남김없이 다 제도하고자 합니다. 그 원력이 얼마나 크고 깊습니까? 우리는 기껏해야 내가 잘되고 남편이 잘되고 내 자식이 잘되기를 바랄뿐입니다. 그러나 대자비의 관세음보살님은 하찮은 미물에 이르기까지 온 세상의 중생들을 자식처럼 사랑하여 보살피십니다. 사홍서원이나 여래십대발원문을 생각해 보십시오. 그 원력이 얼마나 거대하고 거룩합니까? 온 세상을 다 끌어안는 원력이요, 서원입니다. 원력과 욕망의 차이는 이타심과 이기심입니다. 자기를 위하는 마음은 욕망이며 남을 위하는 마음은 원력입니다. 뿐만 아니라 관세음보살님은 상호도 넓고 크고 깊습니다. 그러므로 이 온 세상에 미치지 않는 곳이 없는 것입니다.

　'천비장엄보호지', '천안광명변관조'의 의미는 관세음보살님의 무량한 대자비심으로 우리를 지켜 주신다는 뜻입니다. 천 개의 손으로 보호하고 천 개의 눈으로 두루 비추어 보살펴 주신다는 말은 관세음보살님의 무한한 포용력을 가리키는 말입니다.

관세음보살님께서 보호하시고 지켜 주신다는 것은 《금강경》 등에서 말하는 호념(護念)한다, 부촉(付囑)한다는 말과 같은 의미를 담고 있습니다. '천비장엄보호지', '천안광명변관조'의 뜻은 "부처님께서 항상 우리를 보호하시는 마음을 품고 계시며, 또한 우리들에게 부처님의 무한한 능력을 부여해 주시고 부처님의 아들로 삼아 주신다."는 《금강경》의 내용과 일맥상통하고 있습니다.

또 '천비장엄보호지'를 자비로 본다면, '천안광명변관조'를 지혜로 볼 수도 있습니다. 관세음보살님은 자비만 갖추신 분이 아닙니다. 이미 깨달음을 성취한 부처님이십니다. 다만 중생들을 위해서 보살의 몸을 나투시는 것입니다. 그러니 관세음보살님은 가장 높으신 지혜를 성취하신 분이십니다. 그렇기에 관세음보살, 즉 관자재보살님은 10가지의 자재하심을 성취하신 것입니다.

관세음보살님의 10자재

처음에는 관세음보살을 관자재보살로 번역했었습니다. 《반야심경》이 아주 좋은 예이지요. 관세음보살님은 10가지의 자유자재함을 성취하셨기에 관자재보살이라고도 했던 것입니다.

10자재의 첫째는 명자재(命自在)입니다. 관세음보살님은 이 세상에 오고 감을 마음대로 하십니다. 필요에 따라서 올 수도 있고 갈 수도 있습니다. 자신의 수명을 마음대로 하십니다. 우리 중생들은 업에 얽매여 있기 때문에 오고 싶어도 마음대로 할 수 없고 가기 싫어도 마음대로 할 수 없습니다. 그러나 우리 중생들도 기도가 지극하고 수행이 높아져서 업력에서 벗어나면 명자재가 가능하다고 합니다.

진묵 스님은 명자재를 이루었다고 합니다. 진묵 스님이 제자들을 모아 놓고 "내가 몇 월 며칠에 열반에 들어야겠으니 준비를 하라."고 했습니다. 그때 나이 어린 사미승이 "스님, 그 날 돌아가시면 안 됩니다. 그 날 돌아가시면 정초여서 어려운 일이 많이 있습니다."라고 했습니다. 진묵 스님께서 가만히 생각해 보니 그도 그럴 듯해서 "그러면 어떻게 하면 좋겠느냐?"고 물었습니다. 그러자 사미승이 그 다음날 돌아가시라고 했습니다. 진묵 스님은 그러자고 약속을 하고 마침 그 날이 되자 다시 가야겠다고 하셨습니다. 제자들은 이번에도 그 날은 큰 49재가 들어왔는데 스님께서 그 날 돌아가시면 49재와 겹치게 되어 곤란하다고 말씀드렸습니다. 그랬더니 스님은 일리가 있다며 "그러면 49재 지나고 가야겠구나." 하고 말씀하셨는데 정말 그 날이 지나자 홀연히 떠나가셨습니다. 죽음을 자유자재로 선택하실 수 있는 스님의 놀라운 법력을 생각하게 하는 대목입니다. 기도가 지극하고 수행이 높으면 이렇게 명자재에 이르게 됩니다. 여러분, 노인들의 소망은 명자재까지는 아니더라도 남에게 폐는 끼치지 말고 흉한 모습은 보이지 말고 가는 것입니다. 그러자면 높은 수행이 있거나 아니면 지극한 기도가 있어야 할 것입니다.

둘째는 심자재(心自在)입니다. 내 마음인데 내 마음대로 안 되는 것이 우리 중생의 마음입니다. 이 세상에서 가장 억울한 것이 자기

마음을 자기 마음대로 할 수 없다는 사실입니다. 여러분들 중에서
자기 마음을 자기 마음대로 다스릴 수 있는 분이 계시다면 그분은
바로 관세음보살입니다. 우리는 성을 내지 말아야지 하면서 성을
냅니다. 탐내지 말아야지 하면서 탐을 냅니다. 사실 깊이 생각해 보
면 참 우스운 일입니다. 자기 마음을 자기 마음대로 할 수 있을 때
그때가 바로 부처가 되는 때입니다. 내가 부처인가 아닌가는 남에게
인가를 기다리지 않고도 알 수 있습니다. 심자재가 되는가 안 되는
가를 보면 됩니다. 관세음보살님은 이미 부처님이기에 마음을 자유
자재로 쓰시는 분입니다. 어떠한 경우에도 마음에 걸림이 없는 것입
니다. 그러나 우리도 기도가 지극하고 수행이 높아지면 심자재에 이
르게 될 것입니다.

셋째는 업자재(業自在)입니다. 우리는 과거의 업으로부터 자유롭지
못합니다. 또한 현재에도 짓는 행동마다 업이 됩니다. 그래서 우리는
수많은 업장을 짊어지고 삽니다. 이런 업장 때문에 하는 일이 뜻대
로 풀려나가지 않는 것입니다. 관세음보살님은 어떠한 행동을 해도
업장이 되지 않습니다. 업자재이기 때문입니다. 우리 중생들도 지극
정성의 기도를 통한 수행을 한다면 업자재를 이룰 수 있습니다.

넷째는 재자재(財自在)입니다. 쉽게 말하면 관세음보살님은 아무리
써도 고갈되지 않는 엄청난 재산을 가진 부자라는 것입니다. 바닷
물을 퍼서 쓴다고 해서 줄어듭니까? 바닷물을 아무리 퍼서 쓴다 하
더라도 줄어들지 않는 것처럼 관세음보살님이 바로 그렇습니다. 관
세음보살님이 가진 공덕은 아무리 중생들에게 베풀어도 결코 줄어

들지 않습니다. 우리도 지극하게 기도하고 수행하면 관세음보살님과 같은 재자재를 성취할 수 있습니다.

다섯째는 생자재(生自在)입니다. 관세음보살님은 태어나고 싶은 곳에 태어납니다. 미국에 태어나고 싶으면 미국에 태어나서 부귀를 누리고, 북한에 태어나고 싶으면 북한에 태어나서 불쌍한 사람들을 돕습니다. 우리도 선업을 많이 쌓고 기도를 열심히 하면 좋은 곳에 태어날 수 있습니다. 내생에 복 받고 태어나려면 금생에 공덕을 많이 쌓고 열심히 기도하셔야 합니다.

여섯째는 승해자재(勝解自在)입니다. '승해'란 뛰어난 혹은 탁월한 이해력이라는 뜻입니다. 쉽게 말하면 머리가 좋다는 뜻입니다. 관세음보살님은 모르는 것이 없고 이해하지 못하는 것이 없습니다. 지금까지도 아는 것이 힘이라고 했습니다만 앞으로는 더욱 그럴 것 같습니다. 대부분의 세계 최고의 갑부들은 아이디어와 정보로 갑부가 되었습니다. 유명한 빌 게이츠도 0과 1을 조합하여 컴퓨터를 운영하는 도구를 만들어서 최고의 부자가 되었습니다. 그는 언제인가 서울의 한 학교에 아무런 대가 없이 수천만 원을 기부했습니다.

기도하며 살면 머리가 맑아집니다. 기도를 하면 산란한 마음이 녹고 머리가 맑아집니다. 번뇌가 다 제거됩니다. 지극히 기도하고 참으로 수행하면 허황한 마음들이 다 스러지고 모든 것을 올바르게 파악할 수 있는 지혜의 눈이 열립니다. 기도하고 난 다음에 부처님 말씀을 들어보세요. 머리가 깨끗해진 상태에서 무엇이든 쏙쏙 들어옵니다. 아이들도 기도를 많이 시켜야 합니다. 머리가 맑아야 공부를 잘하게 됩니다. 특히 공부를 못하고 산만한 녀석들은 기도를 많이 시켜야 합니다. 마음을 집중시키지 않고 머리를 맑게 하지 않으면 공부를 아무리 시켜 보았자 헛일입니다. 머리를 깨끗하고 맑게 한 다음 공부하도록 해야 합니다. 괜히 공부 못한다고 야단만 치지 말고 《천수경》을 해설해 주고 기도하라고 해 보십시오. 물론 전생부터 복업이 많아서 똑똑한 아들 딸들을 낳은 보살님들은 상관없겠지만, 그렇더라도 미래에 또 머리 좋은 사람으로 태어나기 위해서는 기도를 열심히 해야만 합니다.

일곱째는 원자재(願自在)입니다. 관세음보살님은 원하는 대로 모든 것을 다 이룰 수 있습니다. 우리도 원력을 갖고 열심히 기도하면 소원한 것이 모두 다 이루어집니다. 불교는 원력의 종교입니다. 원력을 세우고 그 원력을 성취하기 위해서 수행하고 기도하는 종교입니다.

여덟째는 신력자재(神力自在)입니다. 관세음보살님은 하고자 하는 일은 무엇이든지 곧장 해낼 수 있습니다. 수천 명을 먹일 수 있는 밥을 만들 수도 있고 수만 국토에 있는 중생들이 한꺼번에 들을 수 있는 법문을 하자면 못할 일이 없습니다. 우리도 수행과 기도를 열심히 하면 신통력을 얻을 수 있습니다. 무엇이든지 마음먹은 대로 이루어 낼 수 있는 보살이 되고 부처님이 될 수 있는 것입니다.

아홉째는 지자재(智自在)이고, 열째는 혜자재(慧自在)입니다. 관세음보살님은 보이는 세계든 보이지 않는 세계든 모든 세계를 실상 그대로 한눈에 올바로 꿰뚫어 보십니다. 우리 중생들은 바로 눈앞에 있는 것도 제대로 보지 못합니다. 종이 한 장만 덮어 놓아도 보지 못합니다. 그러나 기도가 지극하고 수행이 절실하면 지혜의 눈을 얻을 수 있습니다. 다시 말해서 우리도 10자재를 갖추신 관세음보살님처럼 될 수 있다는 뜻입니다. 우리가 관세음보살님을 찬탄하고 찬송하는 것은 그저 찬송하는 데서 그치는 것이 아니라 우리도 그처럼 되고자 원력을 세우고 수행하는 데에 있는 것입니다. 앞서 《천수경》의 전체 구조에서 보았던 것처럼 《천수경》은 찬탄에서 시작해서 발원으로 나아가는 것입니다.

우리가 관세음이 되고자 하는 원력은 지극한 마음으로 관세음을 찬탄하는 데서부터 시작합니다. 그리고 발원을 세워서 열심히 기도하고 수행한다면 바로 그 가운데서 10자재의 경계가 나타날 것입니다.

진실어중선밀어(眞實語中宣密語)
무위심내기비심(無爲心內起悲心)
속령만족제희구(速令滿足諸希求)
영사멸제제죄업(永使滅除諸罪業)

진실하온 말씀중에 다라니펴고
함이없는 마음중에 자비심내어
온갖소원 지체없이 이뤄주시고
모든죄업 길이길이 없애주시네

관세음보살님의 광대원만하고 무애한 대자대비의 다라니는 참된 진리의 말씀입니다. 너무나 당연한 진리의 말씀입니다. 그러나 우리는 그것을 쉽게 알아듣지 못합니다. 우리에게는 신비한 말씀, 알아듣기 어려운 비밀한 말씀으로 들립니다. 그것은 관세음보살님께서 어렵고 알아듣기 힘든 말씀을 하시기 때문이 아닙니다. 그것은 우리가 받아들일 만한 마음 자세를 제대로 갖추고 있지 않기 때문입니다. 햇빛이 그 누구를 차별하는 것이 아니지만 창문이 닫혀 있는 집에는 비쳐들 수 없는 원리와 같습니다.

관세음보살님은 우리가 알아듣지 못하도록 일부러 비밀스런 말씀을 하실 그런 분이 아닙니다. 마음의 눈이 열리지 않고 마음의 귀가 열리지 않았기에, 참된 말씀이며 열매가 주렁주렁 열리는 말씀이지만 제대로 알아듣지 못하는 것입니다. 부처님께서는 진실된 말씀을 하시지만 항상 비밀스런 의미처럼 들리는 이유가 바로 여기에 있습니다. 이것이 '진실어중선밀어'의 뜻입니다.

'무위심내기비심'이란 "자비심을 일으키되 인위적(人爲的) 의도가 없는 마음, 즉 상(相)이 없는 마음으로 일으킨다."는 뜻입니다. 관세음보살님은 아상(我相)이 없습니다. 무위심(無爲心)은 '나'를 위한 인위가 없는 마음입니다. '나'가 있는 마음은 '아상'이 있게 되고, 아상이 있는 마음은 집착이 생겨납니다.

무위심에 대칭되는 유위심(有爲心)이 있습니다. 유위심은 '나'가 있는 마음이요, 오염된 마음입니다. 번뇌에 찌든 마음입니다. 유위심으로 베푸는 자비는 베푸는 것에 대한 기대와 대가를 바라는 마음입니다. 반면에 무위심으로 베푸는 것은 베푸는 자와 베풂을 받는 자, 베풀어지는 사물이나 행위에 대해서 아무런 집착이 없는 마음입니다. 이 셋에 대한 집착이나 의식이 있는 자비는 미완성의 자비입니다. 이 셋에 대한 의식이나 집착이 사라진 경지에서 하는 자비가 바로 관세음보살님의 대자비인 것입니다. 우리는 무엇을 베풀되 내가 무엇을 베풀었다고 하는 생각이 없어야 하는 것입니다.

'속영만족제희구'는 관세음보살님께 우리들이 원하는 모든 것을 속히 그대로 만족시켜 주십사고 기도하는 뜻이기도 하고, 또 관세음보살님이 그렇게 속히 이루어 주신다는 뜻이기도 합니다. 무엇인가 희구하는 바, 소망하는 바가 있는 사람은 먼저 씨부터 뿌려야 합니다. 씨를 뿌린 다음에라야 수확의 기쁨을 만끽할 수 있습니다. 뿌리지 않고 거두려는 사람은 애가 타고 괴로울 수밖에 없습니다. 그리고 그렇게 씨를 뿌리는 것 가운데 가장 좋은 밭이란 무위심이며, 가장 좋은 씨는 자비행인 것입니다. 무위의 밭에 자비의 씨를 뿌려야 합니다. 그러니 무위심으로, 즉 인위적 의도가 없는 마음으로 자비를 행한다면 우리가 소망하는 바를 가장 빨리 속성으로 이룰 수가 있습니다.

'영사멸제제죄업'이란 모든 죄와 업장들을 소멸시키고 없애 주신다는 뜻입니다. 우리가 억겁을 두고 쌓아온 죄와 업장들은 함이 없는 마음으로 하는 대자비의 실천을 통해 소멸됩니다. 천수천안의 관세음보살님은 광대원만하고 걸림이 없는 대자비로 베푸는 신묘한 다라니를 베풂으로써 우리들의 모든 죄업을 녹여 주시는 것입니다.

우리가 이 《천수경》을 봉독함으로 해서 지극한 마음으로 관세음보
살님을 찬탄하고 기도한다면, 그 가운데 참된 자비심이 일어나고,
그 결과 모든 희구하는 바는 속히 만족될 것이고 모든 죄와 업장들
은 저절로 녹을 것입니다.

　　　천룡중성동자호(天龍衆聖同慈護)
　　　백천삼매돈훈수(百千三昧頓薰修)
　　　수지신시광명당(受持身是光明幢)
　　　수지심시신통장(受持心是神通藏)

　　　천룡들과 성현들이 옹호하시고
　　　백천삼매 한순간에 이루어지니
　　　이다라니 지닌몸은 광명당이요
　　　이다라니 지닌마음 신통장이라

　이 게송은 《천수경》을 봉독하는 수행자가 얻게 되는 공덕을 말
하고 있습니다.
　'천룡중성동자호', 즉 이 경을 봉독하며 기도하는 사람은 모든 하
늘의 성인들이 한결같은 자비심으로 보살펴 주신다는 뜻입니다.
　'백천삼매돈훈수', 《천수경》을 봉독하며 관세음보살님께 기도하
는 사람은 백천 가지 삼매가 한꺼번에 바로 이루어집니다. 돈훈수
란 한꺼번에 닦아서 이루어진다는 뜻입니다.

'수지신시광명당', 부처님 법 지닌 이 몸 큰 광명의 깃대 되고, 즉 《천수경》을 받아 지니고 수행하는 사람의 몸은 바로 온 세상을 비추는 깃발이 된다는 뜻입니다. 《천수경》을 수지하고 기도하는 사람은 이 세상의 지도자가 됩니다. 《천수경》은 봉독하는 사람으로 하여금 밝은 세상을 만드는 훌륭한 인도자가 되게 하는 그런 공덕이 있습니다. 《천수경》을 봉독하여 깊은 신심을 가진 사람은 앞장서서 세상을 이끌고 나아갈 수 있는 자신감이 생기기 때문입니다.

'수지심시신통장', 부처님 법 지닌 마음 온갖 신통 두루 지녀, 《천수경》을 수지하고 봉독하며 기도하는 사람의 마음에는 바로 신통력이 생깁니다. 《천수경》을 수지하고 봉독하면 천룡과 뭇 성인들이 보호해 주고 주변에 잡귀와 잡념이 없어지니까 마음이 산란해지지 않습니다. 백천삼매가 항상 마음에 가득해지고, 곧바로 관세음보살님과 통하게 되어 있습니다. 그러니 신통이 생기는 것입니다.

《천수경》을 수지하고 봉독해서 얻을 수 있는 신통에는 여섯 가지가 있습니다. 이것을 6신통이라고 합니다. 첫째, 신족통(神足通)입니다. 신족통에는 생각하는 곳에 마음대로 갈 수 있는 비행자재의 경계, 마음대로 상(相)을 바꿀 수 있는 변화무쌍의 경계, 외계의 대상을 마음대로 할 수 있는 수의자재(隨意自在)의 경계가 있습니다. 그런데 수의자재의 경계는 성여의(聖如意)의 경계라고도 하여 부처님만이 가지고 계신 경계라고 합니다. 둘째, 천안통(天眼通)은 우주 법계를 망라해 모든 것의 원근을 가리지 않고 모두를 꿰뚫어 볼 수 있는 경계를 말합니다. 셋째, 천이통(天耳通)은 우주 법계를 망라해 모든 소리를 들을 수 있는 경계를 말합니다. 넷째, 타심통(他心通)은 타인의 마음속 모든 선악의 작용을 꿰뚫어 아는 경계를 말합니다. 다섯째, 숙명통(宿命通)은 나와 남의 전생의 상태를 모두 아는 작용을 말합니다. 여섯째, 누진통(漏盡通)은 번뇌를 모두 끊을 수 있어 두 번 다시 윤회하지 않는 경계를 말합니다.

5신통은 기도와 수행을 통해서 증득하므로 성자뿐만 아니라 범부도 닦을 수 있다고 합니다. 그러나 마지막 누진통만은 오로지 부처님만이 얻을 수 있는 것이라 합니다. 바꾸어 말하면 누진통을 이루면 부처님이 되는 것이지요. 관세음보살은 이 육신통을 모두 성취하신 분입니다.

빈두로(Pinduro) 존자는 부처님의 제자 가운데 목련 존자 다음으로 신통이 자재한 도인이었습니다. 그는 어느 날 왕사성에 내려갔다 오는 도중, 시장 한복판에서 신통대회가 열리고 있는 장면을 보게 되었습니다. 시장판 한가운데 수십 척 장대 끝에 값진 전단향 나무로 만든 발우가 매달려 있었습니다. 그때 주최자가 "누구든 신통력이 있는 사람이 저 발우를 따 가시오."라고 말했습니다. 그러나 많은 사람들이 노력해도 되지 않았습니다. 이때 빈두로 존자는 이 말을 듣고 어렵지 않게 팔을 뻗쳐 수십 척 장대 끝에 있는 발우를 따 냈습니다. 빈두로 존자는 의기양양한 마음이 되어 부처님을 찾아가 이 사실을 말씀드렸습니다. "부처님, 부처님의 제자 빈두로가 신통대회에서 1등을 해 최고 가는 전단향 발우를 차지했습니다. 부처님 제자가 신통력에 있어 천하 으뜸임을 입증했습니다."라고 자랑을 하였습니다. 그러나 칭찬을 들을 줄만 알았던 빈두로 존자는 부처님께 호된 꾸지람을 들었습니다. 부처님은 "내 일찍이 그대들에게 함부로 신통을 부리지 말라 하지 않았더냐. 신통을 함부로 부림은 참된 도의 길을 가는 수행자가 아니다."라고 호되게 꾸지람을 하신 뒤, "그대는 내가 열반한 뒤, 열반에 들지 말고 미래세 미륵부처님이 오실 때까지 이 땅 중생들을 제도하도록 하라."라고 말씀하셨습니다.

빈두로 존자는 모든 제자들이 열반에 들었음에도 열반에 들지 못하고, 사바세계를 이곳저곳 다니면서 중생들을 제도하고 있다 합니다. 독성단에 모셔져 계신 독성(獨聖)님이 바로 빈두로 존자입니다. 이처럼 신통력은 함부로 써서는 안 되는 것이며 우리 신자님들도 신통력에 너무 혹해서는 안 됩니다. 불자의 궁극적 목적은 신통을 성취하는 것이 아니라 부처님의 가르침대로 따라 삶으로써 행복을 누리는 것입니다. 신통력도 자신의 이익이 아니라 중생의 행복을 위해서 사용되어야만 하는 것입니다.

기왕 신통 이야기가 나온 김에 경전에 나오는 신통에 관한 일화를 하나만 더 소개합니다. 부처님 당시 바사익 왕이 신하들에게, "신하들이여! 예전에 내가 어렸을 시절에는 탁월한 신통도사들이 많아 내 마음 한량없이 즐거웠으나, 이제는 예전같이 탁월한 신통도사가 없는지 심심하기 짝이 없구나. 너희들이 나라에 방을 붙여 탁월한 신통도사를 찾아내 왕궁으로 데려오도록 하라. 후히 상을 주리라." 하였습니다.

많고 많은 신통도사들이 왕궁에 불려 왔으나 모두 왕의 마음에 들지 않았습니다. 왕의 마음을 헤아린 한 신하가 "대왕폐하! 제가 듣기로 영축산에 있는 고타마란 분이 신통도력이 출중하다 하더이다. 명령을 내리시어 그를 불러오면 대왕폐하의 마음에 드실 것입니다." 하였습니다. 그래서 왕은 신하를 시켜 부처님을 찾아보게 하였습니다.

부처님께서는 자초지종을 다 듣고 말씀하셨습니다. "신하여! 내가 하나 묻노라. 하늘을 날고 물 위를 걷고 신통이 자유자재한 사람들을 바라보면서 어떠한 느낌이 드는가? 그 같은 신통의 힘으로 인해 그대의 마음과 인생이 행복하게 변하는가? 그 같은 것은 참으로 격이 낮은 신통일 뿐일세. 진리의 말씀으로 상대방의 마음을 움직이는 것 이상으로 훌륭한 신통은 없소. 그대의 왕에게 가서 그대로 전하도록 하시오."

갖가지 신통은 그저 눈요깃거리나 될 뿐이며, 참다운 신통은 인간을 행복하게 만들어 줄 수 있는 진리의 말씀이라고 하셨습니다. 하늘을 날고 땅 속을 다니는 것이 참 신통이 아니라 상대방의 마음에 법문을 전해 그의 마음을 움직여서 행복한 생활을 할 수 있도록 해주는 것 이상의 신통이 없다 하신 부처님 말씀을 마음에 새겨야 할 것입니다.

세척진로원제해(洗滌塵勞願濟海)

초증보리방편문(超證菩提方便門)

아금칭송서귀의(我今稱誦誓歸依)

소원종심심원만(所願從心․悉圓滿)

모든번뇌 씻어내고 고해를 건너

보리도의 방편문을 얻게되오며

제가이제 지송하고 귀의하오니

온갖소원 마음따라 이뤄지이다

　여기서부터는 신묘장구대다라니를 봉독하기 전에 관세음보살님
앞에서 다짐을 하는 장면입니다.

　'세척진로원제해', 세척은 씻어 낸다는 뜻이고, 진로란 티끌로 인
한, 즉 물질로 인한 괴로움이니까 바로 우리 마음의 번뇌망상을 말
합니다. 우리들은 항상 세척진로, 즉 우리의 번뇌망상을 씻어 내어
야만 합니다. 우리들의 마음 가운데 있는 번뇌망상에 휩쓸려 지내
다 보면 이 사바세계의 고통바다를 건널 수 없습니다. 이 세상의 많
고 많은 중생들은 모두가 욕망의 포로가 되어서 삽니다. 세상의 많
은 사람들이 그렇게 산다고 해서 나도 그렇게 살면, 열반의 언덕으
로 건너갈 수 없습니다.

　'초증보리방편문'의 초(超)는 뛰어넘는다는 뜻입니다.《천수경》을
봉독하며 자꾸 기도하고, 또 그 가르침대로 따라 살면 결국 깨달음
을 성취하게 되고, 또 깨달음을 성취하면 방편의 문이 열려서 자유
자재하게 됩니다.

'아금칭송서귀의', 이제 천수다라니를 읽고 외워 따르기를 맹세하는 장면입니다.《천수경》에 대한 절대적 귀의를 다짐하는 것이지요. 《천수경》을 봉독하며 끊임없이 정진해 나아가다 보면 부처님에 대한 한없는 신심이 쌓입니다. 원력을 세우고 나아가는 가운데 만상이 다 기도 속에 성취됨을 깨닫게 되고, 그 결과 부처님을 향한 한없는 칭송, 찬탄의 마음이 생기게 됩니다. 기도 정진을 거듭함에 따라 그 같은 마음은 더욱더 굳어지고 부처님께 맹세코 귀의하리라는 마음이 서게 되는 것입니다.

'소원종심실원만'의 '소원'은 원하는 바 모든 것, '종심'은 마음먹은 대로라는 뜻입니다. '실원만'이란 실로 다 이루어진다고 풀이됩니다. 원하는 바 모든 것이 마음먹은 대로 이루어지리라는 기원입니다.

진실로 마음을 비우고 마음을 맑고 깨끗하게 원력으로 기도하면 부처님께서 다 복을 베풀어 주십니다. 욕심 부리는 이기적 기도를 하기 때문에 안 되는 것입니다. 여러분들이 마음을 맑고 또 밝게 원력을 세워 실천해 가면 관세음보살님의 가피를 입게 되어 있습니다. 《천수경》의 가르침대로 하기만 하면 기도는 마음먹은 대로 다 이루어집니다.

3. 별원(別願) : 열 가지 서원과 여섯 가지 회향

나무대비관세음(南無大悲觀世音)

원아속지일체법(願我速知一切法)

나무대비관세음(南無大悲觀世音)

원아조득지혜안(願我早得智慧眼)

나무대비관세음(南無大悲觀世音)

원아속도일체중(願我速度一切衆)

나무대비관세음(南無大悲觀世音)

원아조득선방편(願我早得善方便)

나무대비관세음(南無大悲觀世音)

원아속승반야선(願我速乘般若船)

나무대비관세음(南無大悲觀世音)

원아조득월고해(願我早得越苦海)

나무대비관세음(南無大悲觀世音)

원아속득계정도(願我速得戒定道)

나무대비관세음(南無大悲觀世音)

원아조등원적산(願我早登圓寂山)

나무대비관세음(南無大悲觀世音)

원아속회무위사(願我速會無爲舍)

나무대비관세음(南無大悲觀世音)

원아조동법성신(願我早同法性身)

자비하신 관세음께 귀의하오니

일체법을 어서속히 알아지이다.

자비하신 관세음께 귀의하오니
지혜의눈 어서어서 얻어지이다.
자비하신 관세음께 귀의하오니
모든중생 어서속히 건네지이다.
자비하신 관세음께 귀의하오니
좋은방편 어서어서 얻어지이다.
자비하신 관세음께 귀의하오니
지혜의배 어서속히 올라지이다.
자비하신 관세음께 귀의하오니
고통바다 어서어서 건너지이다.
자비하신 관세음께 귀의하오니
계정혜를 어서속히 얻어지이다.
자비하신 관세음께 귀의하오니
열반언덕 어서어서 올라지이다.
자비하신 관세음께 귀의하오니
무의집에 어서속히 들어지이다.
자비하신 관세음께 귀의하오니
진리의몸 어서어서 이뤄지이다.

일본에서 편집된 대장경인 신수대장경 제1060권에《천수천안광대
원만무애대비심다라니경》이 있습니다. 경전에는 바로 이 부분 전에
"비구, 비구니, 우바새, 우바이, 소년, 소녀가 이 천수다라니를 지송

하고자 한다면, 먼저 모든 중생에게 자비심을 일으키고 반드시 나를 따라서 다음과 같은 원을 발해야 하느니라."라는 말씀이 있습니다. 《천수경》을 수지독송할 사람들은 반드시 이 열 가지 서원과 다음에 나오는 여섯 가지 회향을 다짐해야 하는 것입니다.

이러한 원은 우리 중생들의 원이자 또한 관세음보살님의 원이기도 합니다. 우리 중생들은 관세음보살님의 원을 자신의 원으로 삼아서 모든 중생들을 행복하게 해야 하는 것입니다. 이를 바꾸어 말하자면 우리는 모두 관세음보살이 되어야 하는 것입니다. 원력과 욕망의 차이는 이타심과 이기심입니다. 자기를 위하는 마음은 욕망이며 남을 위하는 마음은 원력입니다.

이 열 가지 서원을 잘 살펴보면 앞의 네 가지는 이타문(利他門)이고 뒤의 여섯 가지는 자리문(自利門)입니다. 《천수경》에는 이 열 가지 서원 외에도 사홍서원과 여래십대발원문이 있습니다. 십원이 가장 구체적이기 때문에 이를 별원(別願)이라고 부르고 사홍서원과 여래십대발원문은 총원(總願)이라고 합니다.

'나무대비관세음'이라고 할 때의 '나무'란 산스크리트어 '나마스(namas)'에서 온 말로서 몸과 마음을 다 바쳐서 귀의한다는 뜻입니다. 귀의하는 마음이란 몸과 마음을 다 바쳐서 정성스럽게 기도하는 마음을 말합니다. 즉 '나무'란 기도의 극치를 이르는 말입니다. 기도하는 마음을 대변하는 대명사가 바로 이 나무라는 말입니다. 몸과 마음을 다 바쳐서 관세음보살님께 기도하는 마음이 들 때, 우리의 마음 가운데 많고 많은 번뇌들이 모두 다 녹아져 내릴 수 있습니다.

'원아속지일체법'에서 일체법이란 온 세상의 모든 사물과 이치 전부를 말합니다. 보살은 온 세상의 모든 것들을 알아야만 합니다. 그래야만 모든 중생을 남김없이 다 구제할 수 있습니다. 박사들이 아는 것이 많겠지만 그것은 자기 전공분야 한 곳에 대해서만 잘 안다는 뜻입니다. 보살은 온 세상의 모든 법을 하나라도 알지 못하는 바가 없습니다.

'원아조득지혜안'에서 '지혜안'이란 그냥 안다는 뜻이 아닙니다. 인생사의 이치를 깨달아 번뇌에서 벗어나는 지혜를 말합니다. 바로 깨달음을 성취한다는 뜻입니다.

'원아속도일체중'이란 온 세상의 모든 중생들을 지체 없이 즉각 다 제도하겠다는 서원입니다. 여러분들은 《천수경》을 수없이 여러 차례 읽었을 것입니다. 그러나 진실로 진정한 참마음으로 "모든 중생들을 하루 속히 구제해야겠다."라는 마음을 가져본 적이 있습니까? 그냥 무작정 읽으면 천만 번을 읽어도 아무 소용이 없습니다.

어떤 사람들은 "갓바위 부처님은 한 가지 소원은 반드시 이루어 주신다는데 나는 아무리 기도해도 하나도 이루어 주시지 않더라."라고 합니다. 진실로 그리고 욕망이 아니라 서원으로 기도하지 않았기 때문입니다. 진실로 원력으로 기도하면 갓바위 부처님이 아니라 모든 곳에 항상 계시는 부처님께서 반드시 이루어 주십니다.

'원아조득선방편'이란 중생을 제도하는 훌륭한 방법들을 빨리 터득하겠다는 다짐을 뜻합니다. 중생들은 어리석어서 진리의 말씀이라도 그냥 해 주면 알아듣지를 못합니다. 집에 불이 났으니 빨리 뛰쳐나오라고 해도 장난감에 빠져서 나오지 않는 어린아이들과 같습니다. 밖에 좋은 장난감이 많으니 빨리 나와서 가지라고 하면 얼른 뛰어나옵니다. 이렇게 거짓말을 해서 불난 집에서 아이들을 끌어내는 것을 선방편, 즉 훌륭한 방법이라고 하는 것입니다.

이 선방편을 요즈음 말로 하면 아이디어라고 할 수 있습니다. 좋은 아이디어는 많은 사람들로 하여금 편리한 생활을 하도록 해 줍니다. 여자들이 입는 브래지어에 관한 이야기도 재미있습니다. 재단하는 사람이 자기 어머니가 나이가 많이 드셔서 젖무덤이 흘러내려 불편해 하시는 모습을 보았습니다. 자기가 재단사이다 보니까, 헝겊을 모아 재봉틀로 박아서 어머니의 젖가슴이 흘러내리지 않도록 가슴받이를 만들어 드렸습니다. 순전히 어머니를 편하게 해 드리려는 마음으로 생각해 낸 것이지요. 그런데 이 어머니가 동네를 다니면서 아들이 만들어 준 가슴받이가 그렇게 편하고 좋다고 자랑을 했습니다. 소문이 퍼져 나가 너도나도 하나씩 만들어 달라고 조르기 시작했습니다. 그 아들은 하는 수 없이 이왕 시작한 김에 여러 어머니에게 도움을 줘야겠다고 생각하고 재봉틀로 대량으로 만들기 시작했는데, 그것이 히트를 쳐 버렸다는 것입니다. 특허를 내고 전세계를 석권해 버린 것이 지금 여러분이 입고 있는 브래지어입니다.

우리 한국에도 그런 아이디어로 돈을 크게 번 사람들이 많습니다. 담배에 불을 붙이려면 성냥이나 라이터를 켜야 되니까 번거롭거든요. 그래서 성냥이나 라이터가 필요 없이 담배 끝에다 인체에 유해하지 않은 물질을 발라 두어 사람의 입에서 입김이 나가면 발화되도록 고안한 담배를 발명한 것입니다. 한 번 빨면 저절로 불이 붙어 버리는 담배지요. 우리나라 사람이 그걸 발명해 냈는데, 전매청에서 받아들이지 않자 스위스에 가서 특허를 내어 유럽 전역에 그 담배를 팔아서 부자가 된 사람도 있습니다.

이런 아이디어들이 전부 방편입니다. 하지만 담배를 많이 피우게 하는 것은 선방편이 아니라 악방편(惡方便)이라고 해야겠습니다. 남들을 불행하게 만드는 것은 모두 악방편입니다. 악방편을 많이 만드는 사람은 하는 일마다 장애가 생기는 반면, 선방편을 많이 만드는 사람은 하는 일마다 앞길이 순조롭게 열립니다. 반복해서 말하지만, 원력과 욕망의 차이는 이타심과 이기심입니다. 자기를 위하는 마음은 욕망이며 남을 위하는 마음은 원력입니다.

'원아속승반야선'이란 모든 중생들로 하여금 빨리 반야선, 즉 열반의 저 언덕으로 건너가는 지혜의 배를 타게 하겠다는 다짐입니다. KTX 특실을 타려면 다른 자리보다 더 많은 돈을 내야 합니다. 기차도 그만한 값을 치러야 특실에 탈 수 있듯이 부처님 나라에 가는 배를 타려면 그에 상응하는 노력의 대가를 치러야만 합니다. 반야선은 아무나 탈 수 있는 배가 아닙니다. 우리들 모두가 마음 가운데 부처님을 모시고 계시지만 부처님 나라로 가는 배를 탈 수 있는 사람들은 극소수입니다. 그러므로 반야선을 타려면 《천수경》의 가르침대로 열심히 실천해야만 합니다.

'원아조득월고해'란 빨리 고해를 건너서 열반의 언덕에 가 닿게 하겠다는 다짐입니다.

'원아속득계정도', '원아조등원적산'이란 계율과 선정의 길을 빨리 성취하여 속히 열반의 산에 오르겠다는 다짐입니다. 계를 충족한 도라고 해서 계족도(戒足道)라고 하는 경우도 있고, 원적산인 열반에 들기 위해서는 계율과 선정뿐만 아니라 계·정·혜 삼학을 모두 고루 실천해야 한다고 해서 계정도 대신에 계족도(鷄足道)로 하는 경우도 있습니다. 계족도라고 하는 것은 닭이 세 발가락으로 서는 것처럼 삼학을 고루 닦아야 한다는 뜻입니다. 관세음보살의 고향인 원적산, 즉 열반의 경지가 실제로 저 멀리 어디에 따로 있는 것이 아닙니다. 우리 마음 가운데 계·정·혜 삼학을 잘 닦아 나가면 내 마음이 바로 관세음보살이 계신 원적산이 됩니다. 항상 말씀드리지만 대승의 불자들은 스스로가 관세음이 되어야만 하는 것입니다.

'원아속회무위사'는 무위의 집, 즉 인위적으로 하는 바가 없는 부처님 나라를 빨리 터득하겠다 혹은 그곳에 빨리 모이겠다는 뜻입니다. 무위의 집이란 인위적 집착이 없는 곳, 소유욕에서 벗어난 곳을 의미합니다.

'원아조동법성신'이란 법성신, 즉 법신 부처님의 몸과 빨리 같아지도록 하겠다는 서원입니다. 결국 속히 부처님이 되겠다는 서원인 것입니다.

《천수경》은 전부가 아름다운 한 편의 시이며, 장엄한 발원문입니다. 이보다 더 아름다운 발원문이 어떻게 있을 수 있겠습니까? 원적산에 오르면 부처님 계신 집이 있고, 부처님이 계신 무위사에서 만

난 사람들은 다 부처님이 되는 것입니다. 제일 처음 단계인 '원아속
지일체법'에서부터 열 번째 단계인 '원아조동법성신'까지에는 우리
가 처음에 어떤 마음을 내고 어떻게 서원을 시작해서, 어떻게 부처
님이 될 것인가 하는 방법이 10단계로 차근차근 설명되어 있습니다.
여기에는 우리 삶의 모든 지침이 제시되고 있습니다. 《천수경》을 독
경할 때 내용도 뜻도 모르고 입으로만 외운다면 무슨 말인지 알 수
가 없습니다. 참으로 안타까운 일이 아닐 수 없습니다.

　수십 년 절에 다녔다는 보살들도 이렇게 훌륭하고 아름다운 《천
수경》을 제대로 모르고 있습니다. 한국 불교가 이렇게 나아가서는
안 됩니다. 신도들을 가르치지는 않고 불전만 놓으라고 합니다. 자
칫하면 엄청난 업을 짓게 됩니다.

　《천수경》 한 줄도 무슨 뜻인 줄 모르니까, "어디 다니냐?" 하고 물
으면 아무 말도 못하고 입을 딱 다물어 버립니다. 다른 이야기는 너
무나 잘합니다. 그런데 불교 얘기만 나왔다 하면 벙어리가 됩니다.
예수 믿는 사람들은 얘기를 술술 잘도 하는데 우리 불교신자들은
그렇지 못합니다. 그러니까 저쪽 친구들은 "내가 너를 위해 교회에
나올 때까지 기도하겠다."고 합니다. 교회 다니는 사람들은 "내가 너
교회에 나올 때까지, 구원받을 때까지 기도하겠다."고 하면서 기독
교 교리를 열성적으로 설명합니다. 그래서 아무 것도 모르고 수십
년 동안 절에 다닌 사람들이 손쉽게 기독교로 끌려가는 것입니다.

　여러분들도 바로 이 기회에 《천수경》을 제대로 배우십시오. 모르
는 구절, 이해가 잘 안 가는 구절이 있으면 따로 시간을 내어 잘 읽

어 보시고 또 선배들이나 스님들께 물어서 분명하게 아십시오. 그런 다음에 열심히 봉독하고 또 그 뜻대로 따라 살아야 하는 것입니다.

아약향도산(我若向刀山) 도산자최절(刀山自催折)
아약향화탕(我若向火湯) 화탕자소멸(火湯自消滅)
아약향지옥(我若向地獄) 지옥자고갈(地獄自枯渴)
아약향아귀(我若向我歸) 아귀자포만(我歸自飽滿)
아약향수라(我若向修羅) 악심자조복(惡心自調伏)
아약향축생(我若向蓄生) 자득대지혜(自得大智慧)

칼산지옥 제가가면 칼산절로 꺾여지고
화탕지옥 제가가면 화탕절로 사라지며
지옥세계 제가가면 지옥절로 없어지고
아귀세계 제가가면 아귀절로 배부르며
수라세계 제가가면 악한마음 선해지고
축생세계 제가가면 지혜절로 얻어지이다.

이 부분은 관세음보살의 6회향이라고 합니다. 관세음보살님은 열반을 성취했다고 해서 그대로 열반에 들지 않고 온갖 중생세계로 돌아옵니다. 그곳이 지옥이든 짐승 세계든 중생이 있는 곳이면 어디든 갑니다. 우리도 우리가 안정된 생활을 한다고 해서 불행한 남을 외면하고 자신의 안정된 삶에 안주하면 안 됩니다. 《천수경》을 봉독하고 실천하는 불자는 지옥에 뛰어드는 심정으로 온 세상을 위해 자신을 헌신하여 바치는 것입니다. 이것이 진정한 회향입니다. 기도를 마치는 게 회향이 아닙니다. 자신이 지은 공덕을 중생들에게 돌려주는 것이 바로 진정한 회향인 것입니다.

4. 별귀의(別歸依)·소청(召請) : 보살이여, 임하소서

이곳은 여러 가지 이름으로 불리는 관세음보살님에 대한 귀의를 한 분 한 분 따로 바치는 장면입니다. 그래서 이곳을 《천수경》의 전체 구조상 '별귀의' 부분이라고 합니다.

나무관세음보살마하살(南無觀世音菩薩摩訶薩)

나무대세지보살마하살(南無大勢至菩薩摩訶薩)

나무천수보살마하살(南無千手菩薩摩訶薩)

나무여의륜보살마하살(南無如意輪菩薩摩訶薩)

나무대륜보살마하살(南無大輪菩薩摩訶薩)

나무관자재보살마하살(南無觀自在菩薩摩訶薩)

나무정취보살마하살(南無正趣菩薩摩訶薩)

나무만월보살마하살(南無滿月菩薩摩訶薩)

나무수월보살마하살(南無水月菩薩摩訶薩)

나무군다리보살마하살(南無軍茶利菩薩摩訶薩)

나무십일면보사마하살(南無十一面菩薩摩訶薩)

나무제대보살마하살(南無諸大菩薩摩訶薩)

나무본사아미타불(南無本師阿彌陀佛) (3번)

　대세지보살에 대한 귀의를 드는 것은 대세지보살이 관세음보살과 함께 아미타불의 좌우보처이기 때문입니다. 대세지보살님은 아미타부처님의 우보처로서 지혜와 용기의 보살입니다.

　천수보살은 포용력의 화신입니다. 손이 천 개라고 하는 것은 모든 것을 다 포용한다는 뜻입니다. 여의륜보살은 여의원만형통을 뜻하는 원만보살입니다. 보살님들은 둥글둥글하게 원만해야 됩니다. 남편이 어렵고 괴로울 때 또는 결정적인 어떤 선택의 갈림길에 서 있을 때 남편들은 아내에게 묻습니다. 그럴 때 평상시에 기도를 많이 하신 보살님들은 바른 선택의 길을 얘기해 줄 수가 있습니다. 대륜보살은 무한의 마음, 한도 끝도 없는 넓은 마음을 말합니다. 또는 끝없는 정진과 전교를 뜻하는 보살입니다. 관자재보살은 앞서 말한 십자재의 보살입니다. 정취보살은 선재동자에게 정도(正道)를 열어 주신 보살입니다. 우리는 항상 바른 길로 살아야 합니다. 《화엄경》〈입법계품〉에서도 말씀하셨습니다. 항상 기도하고 살면 정도를 가게 되어 있습니다. 기도하지 않고 사는 사람, 자기 마음의 문을 닫고 사는 사람의 길은 항상 험난합니다.

　만월보살은 그 상호가 둥근 달과 같다 하여 어두운 밤길을 밝혀 주듯 중생들의 고통을 녹여 내리는 보살입니다. 수월보살은 달이 비친 바다 위에 한 잎의 연꽃을 타고 계신 형상이며, 왼손에 연꽃의

봉오리를 들고 계신 모양을 하고 계십니다. 그 의미는 끝없는 순종을 뜻한다고 합니다. 군다리는 치병, 감로약병이란 뜻입니다. 군다리보살이 들고 있는 약병에는 만병통치약이 들어 있습니다. 십일면보살은 열한 개의 얼굴을 한 보살입니다. 그런데 십면은 보살이고 나머지 한 면은 부처님의 얼굴입니다.

관세음보살은 원래 부처님이 되셨던 분입니다. 그러나 중생을 제도하려고 보살로 오신 분입니다. 관세음은 일체 모든 능력을 다 구족하신 아무런 모자람이 없으신 분입니다. 모든 것이 완전히 충족되신 분입니다

이 《천수경》만 제대로 안다고 해도 삶의 근본원리를 터득할 수 있습니다. 기도하는 마음, 정진하는 마음, 번뇌를 제거하는 마음에 바탕을 두어야만 원을 발하게 됩니다. 그런 기본 단계가 되어 있어야만 일체법을 알게 되는 것입니다. 욕망으로 눈이 어두워진 인간들에게는 이 지혜의 문, 진리의 문, 대자연의 비밀의 문이 열리지 않는 법입니다. 여러분들 기도하시기 바랍니다. 집이 멀어서 새벽기도에 못 나가시는 분들은 집에서라도 새벽에 일어나 기도해 보십시오. 남편이나 가족과 함께 하시면 더욱 좋습니다.

우선 보살님들은 신랑을 꼭 법당으로 모시고 가셔야 됩니다. 아들 딸들도 마찬가지입니다. 《천수경》을 읽고 기도하며 그대로 따라 살면 머리가 맑아지고 일체법을 다 알아 지혜의 눈이 열리고 건강해지는데, 무엇을 망설입니까? 《천수경》대로 살면 '원아속지일체법', '원아조득지혜안'이 됩니다. 제일 처음 기본 조건은 '나무대비관세음'

하는 마음이고, 그 다음 일체법을 알게 되면 지혜의 눈이 떠지고 창의력을 발할 수 있게 되는 것입니다. 마음을 가다듬는 방법 가운데서 기도가 가장 손쉬운 방법이며 가장 빠른 방법입니다. 기도를 열심히 하는 불자들을 보면 대체로 행복하게 삽니다. 기도를 하면 좋은 일들이 겹쳐서 일어나고, 좋은 방편문이 계속해서 열립니다.

5. 다라니(陀羅尼) : 미묘하고 위대한 신비의 대다라니

신묘장구대다라니(神妙章句大陀羅尼) : 헤아릴 수 없고 불가사의
한 글로 된 관세음보살의 위대한 다라니

예부터 다라니는 뜻을 해석하지 않았습니다. 이 신묘장구대다라니도 마찬가지입니다. 그저 독송하기만 했습니다. 그러나 다라니도 말과 글자로 되어 있는 한 뜻이 있고 뜻은 해석될 수 있습니다. 이 신묘장구 대다라니는 산스크리트로 되어 있고 산스크리트를 알면 얼마든지 해석할 수 있습니다. 산스크리트에 능통한 로케시 찬드라(Lokesh Chandra) 교수는 신묘장구대다라니의 뜻을 아주 잘 해석해 놓았습니다. 신묘장구대다라니의 뜻을 해석한다는 것은 학문적으로는 뜻있는 일입니다. 그러나 저는 신앙적 입장에서 예로부터의 법도대로 그 뜻을 해석하지 않겠습니다. 산스크리트로 된 다라니를 풀어서 해석하지 않는 이유에는 다섯 가지가 있습니다.

① 다라니는 부처님의 높은 차원의 의미를 담은 말씀으로 부처
  님과 부처님만이 서로 통하고 그 경계에 이르지 못한 이는
  해득이 불가능하므로 풀어서 해석하지 않는다.
② 다라니는 한 자 한 자에 수많은 뜻을 포함하고 있어 풀어서
  해석하지 않는다.
③ 다라니는 허공계의 많은 신장들과 성현들의 이름이어서 고
  유명사이기 때문에 풀어서 해석할 수 없다.
④ 다라니는 모든 부처님들의 비밀스런 의미를 담고 있으므로,
  이를 풀어서 해석하면 부처님의 위신력을 손상하므로 할 수
  없다.
⑤ 다라니는 제불보살의 불가사의한 위신력이 깃들어 있으므로
  지송(持誦) 자체에 의미가 있는 것이므로 풀어서 해석할 수
  없다.

  특히 밀교에서는 진언이나 다라니가 부처님의 무상심심 미묘한
마음을 나타내는 것이라 하여 해석이 불가하다고 합니다. 다라니의
세계가 이와 같이 불가사의한 세계이나, 부처님의 경전 역시 부처님
의 무상심심 미묘한 마음을 펼쳐 놓은 것이고 우리는 그것을 이해
하고 싶어 합니다. 부처님께서도 경전을 설해 주신 바에야 우리가
이해를 시도하는 것도 의미가 전혀 없다고는 할 수 없습니다.
  그러나 저는 신묘장구대다라니만은 다르게 생각합니다. 이는 신
비하고 미묘한 부처님의 말씀이기에 우리들의 이해를 넘어서 있다

고 믿습니다. 따라서 여기서는 다만 신묘장구대다라니를 수지독송
하고 실천하는 공덕에 대해서 말씀드리고자 합니다.

《천수경》의 중심은 신묘장구대다라니입니다. 신묘장구대다라니
는 문자 그대로 관세음보살님의 지혜와 자비를 갈무린 본체라고 할
수 있습니다. 따라서 이 대다라니는 관세음보살님의 한량없는 대비
신력과 위신력을 머금고 있기에 그 신통묘용은 말로 다 헤아릴 길
이 없습니다.

관세음보살님께서는 "대다라니는 뭇 중생들이 안락함을 얻게 하
기 위해, 긴 수명을 얻게 하기 위해, 풍요로움을 얻게 하기 위해, 모
든 그릇된 행위로 지은 중죄를 녹여 내리기 위해, 모든 장애와 곤
란을 떠나기 위해, 무구청정한 공덕을 늘리기 위해, 모든 선근을 성
취하기 위해, 모든 두려움을 먼저 여의기 위해, 간절히 원하는 것을
모두 속히 만족시키기 위해 설하여진 것이니라."라고 말씀하셨습니
다. 또한 누구나 이 대비신주를 외워 지니는 이는 15가지 좋은 태어
남을 얻고, 15가지 나쁜 죽음을 받지 않습니다.

15가지 나쁜 죽음을 받지 않음이란,

① 배고픈 고통으로 죽지 않게 하며

② 옥에 갇혀 매맞아 죽지 않게 하며

③ 원수와 상대해서 죽지 않게 하며

④ 전쟁터에서 서로 싸워 죽지 않게 하며

⑤ 사나운 짐승에게 물려 죽지 않게 하며

⑥ 독사, 전갈에게 물려 죽지 않게 하며

⑦ 불에 타 죽거나 물에 빠져 죽지 않게 하며

⑧ 독약을 먹고 죽지 않게 하며

⑨ 독충의 독으로 죽지 않게 하며

⑩ 미쳐 죽지 않게 하며

⑪ 산이나 낭떠러지에서 떨어져 죽지 않게 하며

⑫ 나쁜 사람의 저주로 죽지 않게 하며

⑬ 악귀에게 홀려 죽지 않게 하며

⑭ 악병으로 죽지 않게 하며

⑮ 자살로 죽지 않게 함입니다.

또 15가지 좋은 태어남이란,

① 태어나는 곳마다 민주적인 정치 지도자를 만나며

② 윤리적으로 선한 나라에 태어나며

③ 평화롭고 좋은 시절에 태어나며

④ 훌륭한 친구들이 많은 곳에 태어나며

⑤ 몸에 결함이 없는 건강한 몸으로 태어나며

⑥ 진리를 향하는 마음이 돈독하게 태어나며

⑦ 계를 잘 지키는 사람으로 태어나며

⑧ 화목한 가정에 태어나며

⑨ 음식과 재물이 풍부한 부잣집에 태어나며

⑩ 다른 사람의 공경을 받는 사람으로 태어나며

⑪ 재물을 잃지 않는 사람으로 태어나며

⑫ 원하는 것이 모두 이루어지는 사람으로 태어나며

⑬ 천룡팔부신장과 선신들이 옹호하며

⑭ 태어나는 곳마다 부처님 법을 들으며

⑮ 바른 법을 듣고 그 깊은 뜻을 깨치게 되는 사람으로 태어난
다고 하였습니다.

이처럼 대다라니의 공덕은 문자 그대로 무량한 것이어서 관세음보살님께서도 부지런히 독송하라 말씀하셨습니다. 다라니를 수지 독송하는 사람의 공덕에 대해 관세음보살님께서는 "나의 자비, 방편의 힘으로 필요한 바를 모두 성취케 하며, 삼악도 중생들이 이 다라니를 들으면 모두 고통을 여의게 되며, 초발심의 자리로부터 부처님의 자리에까지 속히 이르도록 하며, 32상 80종호를 속히 이루게 되리라." 하셨습니다.

그 밖에 또 "만약 누구나 이 다라니를 외워 지니는 자가 강이나 냇물, 큰 바다 가운데 목욕하면, 그 물 가운데 있는 모든 부류의 생물들은 이 사람이 몸을 씻는 물에 그 몸을 적시기만 해도 모든 잘못된 행위와 무거운 죄가 사라지게 되고, 곧 서방정토에 태어나 연꽃에 화생하여 낙을 누리게 된다. 또 만약 다라니를 외워 지니는 자가 길을 갈 때, 때마침 큰 바람이 이 사람의 몸이나 머리칼, 옷에 스치면, 그 바람의 흐름을 스쳐 지나가는 모든 부류의 사람들은 그 사람의 몸을 스쳐 흐른 바람이 몸에 불어 닿기만 해도 모든 무거운

죄와 잘못된 행위가 사라져 다시는 삼악도의 과보를 받지 않고 늘 부처님 앞에 태어나게 되리라. 그러므로 이 다라니를 받아 지니는 자는 복덕의 과보가 말할 수 없고 생각할 수도 없느니라."라고 하셨습니다. 천수다라니를 믿고 수지독송하여 실천하는 사람의 공덕은 참으로 무량하다 말씀하셨습니다. 부처님께서는 특히 다라니를 지닐 경우 갖가지 병으로부터 해방된다는 가르침을 낱낱이 말씀하셨습니다. 그러니 우리가 이《천수경》을 믿고 의지하여 매일 수지독송하고 실천한다면, 우리의 삶이 행복해지지 않을 수 없을 것입니다.

6. 찬탄(讚歎) : 온 세상을 정토로

우리는 요즈음에 와서야 환경의 중요성을 깨달아가고 있습니다. 궁극적으로 불교는 우리의 환경을 도량(道場)으로 만들고자 합니다. 도량은 불국토(佛國土), 즉 부처님 나라입니다. 어떠한 고통과 불행도 없는 온전하게 행복한 세상입니다. 그 부처님 나라는 우리들의 기도와 깨달음으로 이루어집니다.

사방찬(四方讚) : 사방을 깨끗이 하는 찬
일쇄동방결도량(一灑東方潔道場)
이쇄남방득청량(二灑南方得淸凉)
삼쇄서방구정토(三灑西方俱淨土)
사쇄북방영안강(四灑北方永安康)

동방에 물뿌리니 도량이 맑고

남방에 물뿌리니 청량얻으며

서방에 물뿌리니 정토이루고

북방에 물뿌리니 평안해지네

사방찬은 언제나 정신을 가다듬고 사방 부처님께 찬탄하며 기도하는 마음으로 살라는 가르침입니다. 허공은 부처님의 몸이므로 항상 부처님께 감사하는 마음으로 사방 허공의 부처님을 찬탄하며 하루하루를 살아가야 한다는 뜻입니다.

'일쇄동방결도량'의 '쇄'란 뜻은 물을 뿌릴 때 느끼는 시원함을 의미합니다. 머리에 시원한 물을 끼얹었을 때의 시원함이 정신을 바짝 차리게 하듯이, 몸보다 마음을 청정하게 하고 가다듬게 한다는 의미가 들어 있습니다. 물은 모든 것을 다 씻어 내리는 힘이 있습니다. 우리가 물을 마실 때 그 물은 온몸을 휘감아 돌면서 모든 불순물을 씻어 냅니다. 물이 만상을 씻어 내리듯, 모두를 청정하게 씻어 내는 마음으로 살아야 함을 뜻합니다.

도량이란 무엇을 의미하나요? 부처님을 모신 곳이 도량이지만 절만 도량이 아닙니다. 이 세상에 도량이 아닌 곳이 없습니다. 부처님 말씀에 따르면, 부처님이 계신 곳은 어디나 다 도량입니다. 여러분의 집이 바로 도량입니다. 남편 부처님, 아들 딸 부처님, 그리고 시아버님 부처님, 시어머님 부처님이 다 계시는 도량입니다. 누구든 진리대로 산다면 그가 바로 부처님입니다. 부처님다운 말과 생각과 행동을 한다면 그가 부처님입니다. 자기 마음 가운데 부처님이 계신다는 말이 바로 이런 뜻입니다. 다만 그 사실을 모르는 부처님들인 것입니다.

동방이 아침을 뜻한다면 남방은 한낮을 의미합니다. 한자로는 한낮을 남중(南中)이라고 합니다. '이쇄남방득청량'이란 한낮에도 도량을 청정히 한다는 뜻입니다. 낮에 도량을 청정히 한다는 뜻은 열심히 일한다는 뜻입니다.

'삼쇄서방구정토'의 '정토'는 가장 편안한 곳을 말합니다. 낮에 열심히 일했으면 저녁에는 편안히 쉽니다. '사쇄북방영안강'의 '영안강'은 오래도록 편안하다는 뜻입니다. 밤에는 편안히 잠을 자야 합니다. 그래야 다음날을 활기차게 보낼 수 있습니다. 일 안 하고 놀기만 하면 불면증에 시달리기 쉽습니다. 하루의 사이클, 일년의 사이클, 일생의 사이클도 마찬가지입니다. 하루의 사이클은 아침·낮·저녁·밤이고, 일년은 봄·여름·가을·겨울입니다. 봄에는 밭을 갈고 논을 갈고 씨 뿌릴 준비를 해야 합니다. 여름엔 왕성하게 이것을 가꾸어야 합니다. 여름에 가꾸지 않으면 가을에 거둘 게 없습니다. 가을에 거둘 게 없으면 겨울에 편안하게 쉴 수 없습니다. 이것이 1년의 사이클입니다.

불교의 《천수경》은 이렇게 입체적입니다. 일생은 소년기·청년기·장년기·노년기로 구분할 수 있습니다. 사람들은 어렸을 때 깨끗한 마음을 길러야 합니다. 일생 동안 도덕적으로 살아갈 수 있는 기본을 닦아야 합니다. 어려서부터 청결한 마음, 오염되지 않은 마음을 갖추도록 해야 합니다. 따라서 어린 시절 부처님 말씀을 공부하고 부처님 말씀 따라 살게 하는 교육이 참으로 중요합니다. 청년기엔 부지런히 근면 성실하게 살도록 해야 합니다. 열심히 공부하고, 열심히 능력을 닦고, 열심히 살아야 합니다. 청년기에 열심히 살아야 장년기에 휴식을 할 시간이 주어집니다. 그 다음엔 부처님 나라로 가는 것입니다.

도량찬(道場讚) : 청정한 도량의 찬

도량청정무하예(道場淸淨無瑕穢)

삼보천룡강차지(三寶天龍降此地)

아금지송묘진언(我今持誦妙眞言)

원사자비밀가호(願賜慈悲密加護)

온 도량이 청정하여 티끌없으니

삼보천룡 이도량에 강림하시네

제가이제 묘한진언 외우옵나니

대자대비 베푸시어 가호하소서

도량찬이란 도량을 찬탄하는 사구게입니다. 도량이란 부처님이 계신 곳입니다. 부처님이 계시다면 어디나 다 도량이 아닌 곳이 없다고 했습니다. 우리들의 마음도 도량이고, 이 우주도 다 도량입니다. 경전에 '처처불상(處處佛像) 사사불공(事事佛供)'이라는 말씀이 있습니다. 삶을 살아가다 보면 만나는 사람들이 많습니다. "곳곳마다 불상이요 일마다 불사다."라는 뜻입니다.

이 육신은 부처님을 모시고 있는 그릇입니다. 그러니 누구나 다 불상입니다. 또 조그마한 일, 그 어느 것도 다 부처님의 공양물입니다. 부처님 전에 쌀을 올리고 초를 올리는 것만이 불공이 아닙니다. 여러분이 길을 가다가 마주 오는 상대방에게 짓는 아름다운 미소도 부처님께 올리는 공양입니다. 어디에 있거나, 어떻게 살아가거나, 어느 상황이거나, 작은 일 큰 일 모두가 다 부처님께 공양하는 일일 수 있습니다.

부처님 말씀을 정성스럽게 듣고 있으면, 좋은 세포가 생겨납니다. 아주 신성하고 깨끗하고 청정한 마음으로 부처님 말씀을 듣는 순간에는 마음속의 오염된 여러 가지가 다 녹아 내립니다. 좋은 마음을 가지고 있으면 좋은 세포가 생깁니다. 그리고 그 좋은 세포는 좋은 파장을 내보냅니다. "건강한 신체에 건강한 정신이 깃든다."라는 말처럼, 좋은 세포는 좋은 생각(idea)을 담는 그릇입니다. 반대로 나쁜 생각을 하면 나쁜 세포가 생겨나고, 그 나쁜 세포는 나쁜 파장을 방출합니다. 좋은 파장은 좋은 파장끼리 모입니다. 그러니 좋은 세포는 좋은 생각을 만들어 내는 그릇입니다. 이 같은 이유로 기도로 사는 사람들과 맑은 마음으로 사는 사람들은 건강합니다.

'도량청정무하예', 우리의 몸은 도량입니다. 도를 닦는 그릇입니다. 부처님이 계신 곳이기 때문입니다. 그러니 도량인 몸과 마음이 모두 청정하고 결점이 없고 더러움이 없어야만 한다는 그런 의미입니다.

'삼보천룡강차지'란 허공 가운데 계신 삼보님과 관세음보살님의 거룩하신 힘이, 그리고 그 많고 많은 신장님들께서 청정하고 더러움과 결점이 없는 그 자리에 오신다는 뜻입니다. 바로 여러분의 청정한 몸과 마음속에 삼보님이 오시게끔 되어 있는 것입니다. 복을 받거나 재앙을 받는 것도 다 자기 하기 나름입니다.

'아금지송묘진언'이란 내가 이제 이와 같은 사실을 깨달았으니 지금부터 끊임없이 기도하겠습니다라는 의미입니다. 《천수경》의 법문을 열심히 공부하고 기도하겠다는 뜻입니다. "내가 이제 열심히 《천수경》을 지니고 정성스런 마음으로 기도하고 또 기도합니다. 부처님! 알게 모르게 지은 모든 죄를 참회하옵니다. 나의 교만심과 오만함과 이기심과 탐욕과 쓰레기 같은 마음들을 《천수경》의 신묘장구대다라니를 독송하는 기도로 다 녹여 내리겠습니다."라고 기도하는 것입니다.

'원사자비밀가호'란 이렇게 공부하고 기도하오니 관세음보살님의 비밀스런 가호지묘력을 베풀어 주시옵소서 하고 간청하는 것입니다. 그러한 가호지묘력에 힘 입으려면 조건을 충족해야 합니다. 필요충분조건을 갖춰야 합니다. 자기 할 도리를 다해야만 하는 것입니다. 할 도리를 다하면 복은 저절로 옵니다.

7. 참회(懺悔)

참회게(懺悔偈) : 죄업을 뉘우치는 게송
아석소조제악업(我昔所造諸惡業)
개유무시탐진치(皆有無始貪瞋癡)
종신구의지소생(從身口意之所生)
일체아금개참회(一切我今皆懺悔)

지난세월 제가지은 모든악업은
옛적부터 탐진치로 말미암아서
몸과말과 생각으로 지었사오니
제가이제 모든죄업 참회합니다.

성당에서는 신부님께 고해성사를 하지만, 우리 불자에게는 그런 존재가 필요 없습니다. 우리가 《천수경》을 독경하기 시작하면 나무참제업장보승장 부처님은 물론, 12존 부처님과 모든 화엄신장님들과 관세음보살님께서 우리들의 참회를 받아들이기 때문입니다. 우리들의 온갖 죄를 녹여 주시는 관세음보살님과 모든 부처님들과 화엄신장님께서 우리들 앞에 나타나신다는 뜻입니다. 우리 불교는 스님께 참회하는 것이 아닙니다. 자기 스스로 직접 《천수경》을 독경하면 그것으로 족한 것입니다.

'아석소조제악업', '개유무시탐진치', 내가 저 먼 과거로부터 지은 바 온갖 악업들은 모두가 다 저 시작도 끝도 없는 탐진치로 말미암은 것이란 뜻입니다. 탐·진·치는 삼독심(三毒心)으로서, 즉 탐욕을 내고 화를 내고 어리석은 마음을 내는 것입니다. 그러니까 탐심은 독심입니다. 탐심을 내면 세포 속에 독소가 생겨나게 됩니다. 화내지 마십시오. 독심은 몸에 독을 오르게 합니다. 우리 몸에 독이 올라서 좋을 일은 하나도 없습니다.

'종신구의지소생', '일체아금개참회', 이 모든 악업들은 모두 신구의 삼업으로부터 생기는 바이오니 일체를 이제 다 참회하옵니다라는 뜻입니다. 탐진치의 세 가지 독물이 배어 나오는 곳이 어디입니까? 몸과 입과 생각, 신구의입니다. 우리는 몸과 입과 생각으로 죄를 짓습니다. 따라서 탐·진·치 세 가지 독물로 우리의 인생을 해치지 않으려면 항상 몸과 입과 생각을 잘 관리해야 합니다. 자기 몸과 마음을 좋지 못한 환경에 머물게 하면 의도적이 아니더라도 저절로 빨려들어 가듯이 죄를 짓게 됩니다. 우리는 그런 환경을 멀리 해야 합니다.

우리가 그런 환경에 빨려 들어가는 것은 우리의 몸과 마음속에 쌓인 업 때문입니다. 억겁창생을 두고 저 먼 과거로부터 나쁜 생각을 쌓아왔기 때문입니다. 이런 나쁜 생각이 나쁜 업을 만들어서 우리의 몸과 마음 가운데 배어든 까닭입니다. 우리는 이 점을 잘 생각하여 스스로의 몸과 입과 생각도 관리하고 가족들의 몸과 입과 생각까지도 관리하도록 노력해야만 합니다. 몸과 입과 생각을 세 가지 독물에 물들지 않게 합시다. 그 세 가지로부터 모든 불행이 옵니다.

참제업장십이존불(懺除業障十二尊佛) :

열두 부처님을 칭명하여 듣게 되면 업장이 소멸되는 참회법

나무참제업장보승장불(南無懺除業障寶勝藏佛)

보광왕화렴조불(寶光王火炎照佛)

일체향화자재력왕불(一切香火自在力王佛)

백억항하사결정불(百億恒河沙決定佛)

진위덕불(振威德佛)

금강견강소복괴산불(金剛堅强消伏壞散佛)

보광월전묘음존왕불(普光月殿妙音尊王佛)

환희장마니보적불(歡喜藏摩尼寶積佛)

무진향승왕불(無盡香勝王佛)

사자월불(獅子月佛)

환희장엄주왕불(歡喜莊嚴珠王佛)

제보당마니승광불(帝寶幢摩尼勝光佛)

지금까지 우리는 참회의 필요성에 대해서 살펴보았습니다. 앞에서 설명한 바와 같이 천주교에서는 고해성사를 통해 신부님 앞에서 참회를 하지만, 불교는 스님께 참회하는 것이 아닙니다. 허공 중에 계신 무량한 부처님 전에 참회하면 됩니다. 우리들 마음속의 참회를 받아 주시는 분이 바로 위에 열거한 열두 분의 부처님이십니다. 진정한 참회는 남 앞에서 하는 것이 아니라 나의 내면 깊숙이 진심

어린 기도를 통해 이루어집니다. 이런 점에서 불교는 참으로 인간의 본성을 꿰뚫은 멋진 가르침입니다.

그러면 우리들의 내면의 뉘우침을 받아 주시는 열두 부처님들은 어떤 부처님이신지 공부해 보겠습니다.

'나무참제업장보승장불', 우리들이 일생을 살아가면서 남에게 아무 대가도 치르지 않고 신세를 지게 되면 그것이 다 빚이 됩니다. 이 보승장부처님께 참회를 하게 되면 그러한 허물과 빚들을 탕감받는다고 합니다. 예컨대 짐승들을 애꿎게 때리고 학대하는 짓도 다 보승장부처님께 참회를 하면 많은 죄업이 소멸됩니다.

'보광왕화렴조불', 돈 있고 재물 있다고 함부로 낭비하지 마십시오. 재물을 함부로 낭비하는 죄, 참으로 큰 죄입니다. 공공기물을 함부로 다루는 것도 마찬가지입니다. 자기 돈이라고 흥청망청 낭비한 죄, 공공기물을 함부로 손괴한 죄, 그런 모든 죄를 보광왕화렴부처님께 기도 드리면 많은 부분 참회가 됩니다.

'일체향화자재력왕불', 계행을 잘 지키지 않고 파기한 죄도 큰 죄입니다. 그러나 이 일체향화자재력왕 부처님은 그러한 죄를 녹여 주십니다.

'백억항하사결정불', 살생을 많이 한 사람들은 이 부처님께 기도 드리십시오. 살생죄의 많은 부분을 용서 받게 될 것입니다.

'진위덕불', 삿된 음행에 대한 참회를 받아 주시는 부처님입니다. 요즈음에는 삿된 음행에 빠지는 사람들이 많습니다. 돌아서면 눈에 띄는 것이 러브호텔입니다. 너무 많은 사람들이 사음을 공공연하게 행합니다.

'금강견강소복괴산불', 지옥고에 떨어질 죄를 지은 중생들이 이 부처님을 불러 모시면 죄의 많은 부분이 상쇄될 것입니다.

'보광월전묘음존왕불', 이 부처님은 법문을 많이 듣거나 공부를 많이 한 사람, 그리고 많은 사람들에게 여래의 교설을 전하고 불법을 펼친 사람이 죄를 지은 게 있을 때 변호해 주시는 부처님입니다. 다시 말해 전법을 많이 한 불자를 변호해 주는 변호사 부처님이십니다. 그기에 부처님 법문을 많이 공부하는 게 참으로 중요한 것입니다.

'환희장마니보적불', 자신의 마음을 다스리지 못하고 걸핏하면 성질을 내는 마음, 버럭버럭 화를 내는 마음, 그것이 진심(瞋心)입니다. 몸과 마음 가운데 일어나는 진심 때문에 죄를 지은 사람들이 이 부처님을 불러 모시면 그 죄를 삭감 받게 됩니다.

'무진향승왕불', 인간이 태어나는 고통과 죽을 때의 고통이 대단히 큽니다. 태어나는 도중에 죽는 사람도 많습니다. 그 같은 고통의 많은 부분을 멸해 주시는 부처님이 무진향승왕불입니다. 끊임없이 이 부처님 전에 기도를 올리면 아이를 잉태할 때 또는 출산할 때의 고통이 덜해진다고 합니다.

'사자월불', 축생보(畜生報)를 받을 그런 죄업을 지은 중생들이 이 부처님을 불러 모시면 축생보를 감하게 됩니다.

'환희장엄주왕불', 십중대계(十重大戒)를 파한 죄를 탕감해 주시는 부처님입니다. 십중대계는 ① 살생(殺生), ② 투도(偸盜), ③ 음행

(淫行), ④ 망어(妄語), ⑤ 술을 파는 행위(沽酒), ⑥ 사부대중의 허물을 말하는 행위(說四衆過), ⑦ 자기를 칭찬하고 남을 헐뜯는 행위(自讚毁他), ⑧ 재물이나 가르침을 아끼는 행위(貪惜財法), ⑨ 화를 내고 뉘우칠 줄 모르는 행위(瞋心不受悔), ⑩ 삼보를 비방하는 행위(謗三寶) 등을 말합니다.

'제보당마니승광불', 상대방을 괴롭힌 죄는 별 것 아닌 것 같아도 큽니다. 어떤 사람들은 아이를 귀엽다고 하면서 막 괴롭힙니다. 요즘 군대에서 부하들을 괴롭히고 이로 인해 죽는 사람들이 너무 많습니다. 이 부처님은 남을 괴롭힌 죄보(罪報)를 줄여 주시는 부처님입니다.

우리 중생들은 알게 모르게 수많은 죄를 지으며 살아갑니다. 이런 죄를 참회하지 않으면 그 과보를 받을 수밖에 없습니다. 그러나 위대한 자비의 서원을 세우신 부처님과 보살님께 참회하면 그 죄보를 줄일 수 있습니다.

십악참회(十惡懺悔) : 열 가지 악업을 참회함

살생중죄금일참회(殺生重罪今日懺悔)

투도중죄금일참회(偸盜重罪今日懺悔)

사음중죄금일참회(邪淫重罪今日懺悔)

망어중죄금일참회(妄語重罪今日懺悔)

기어중죄금일참회(綺語重罪今日懺悔)

양설중죄금일참회(兩舌重罪今日懺悔)

악구중죄금일참회(惡口重罪今日懺悔)

탐애중죄금일참회(貪愛重罪今日懺悔)

진에중죄금일참회(瞋恚重罪今日懺悔)

치암중죄금일참회(痴暗重罪今日懺悔)

살생하여 지은죄를 참회합니다.

도둑질로 지은죄를 참회합니다.

사음으로 지은죄를 참회합니다.

거짓말로 지은죄업 참회합니다.

꾸민말로 지은죄업 참회합니다.

이간질로 지은죄업 참회합니다.

악한말로 지은죄업 참회합니다.

탐욕으로 지은죄업 참회합니다.

성냄으로 지은죄업 참회합니다.

어리석어 지은죄업 참회합니다.

우리가 짓는 죄가 어디 열 가지 뿐이겠습니까? 그러나 그 중에서
도 가장 자주 짓고 많이 지으며 또한 결정적인 악업이 바로 십악업
입니다. 우리 삶을 좌우하는 결정적인 세 가지 요소, 그것을 부처님
께서는 몸과 입과 생각으로 짓는 신·구·의 삼업이라고 하셨습니다.
십악업 역시 이 신·구·의 삼업으로 이루어집니다. 살생·투도·사음
은 몸으로 짓는 것이며, 망어·기어·양설·악구는 입으로 짓는 것입

니다. 그리고 탐애·진에·치암은 마음으로 짓는 것입니다. 사실 부처님의 말씀 중 상당 부분이 십악업의 불행한 업장을 녹임으로써 우리를 무량한 행복으로 인도하는 가르침입니다.

'살생중죄금일참회', 살생은 대우주의 법칙을 파기하는 것입니다. 특히 불교에서는 모든 계율 가운데 살생죄를 대단히 중대하게 취급했습니다. 모든 삼라만상들은 생명을 바탕으로 해서 살아가기 때문입니다. 이 세상에 나온 모든 생명들은 그것이 비록 미물중생이라 하더라도 살기 위해 나온 생명체입니다. 사람의 생명은 물론 어떤 미물중생의 생명까지도 함부로 대한다면 그 죄업이 적지 않습니다. 부처님께서 말씀하시기를 "생명을 함부로 하면 네 목숨으로 대신 갚아야 한다."고 하셨습니다. 요절하는 사람들은 전생의 업이든 금생의 업이든 살생의 업 때문에 그렇게 되는 것입니다.

고기를 먹는 육식은 간접 살생입니다. 내가 고기를 먹는 만큼 생명이 죽어야 합니다. 그런데 부처님께서는 육식과 관련하여 단서를 달았습니다. 삼정육(三淨肉), 오정육(五淨肉), 칠정육(七淨肉), 구정육(九淨肉) 등으로써 육류의 섭생을 완전히 금지하지는 않으신 것입니다. 계를 보면 "너를 위해서 잡지 않은 고기, 너를 위해서 잡았다는 의심이 들지 않는 고기, 그 짐승이 죽을 때의 비명소리를 듣지 않은 고기, 그런 고기들은 먹어도 괜찮다." 이렇게 말씀하셨습니다. 이런 고기를 먹는 것을 제외하고는 육식을 금하는 것이 좋습니다. 왜냐하면 육식은 바로 간접 살인이기 때문입니다. 항상 생명을 소중히 하는 마음, 그것이 곧 자비입니다. 살생을 많이 저지른 사람들은 즉

시 참회하고 많은 방생을 해야만 합니다.

'투도중죄금일참회', 남의 것을 훔치는 과보야말로 대단히 크지 않을 수 없습니다. 그 응보로 가난한 과보를 받게 됩니다. 남의 물건에 손대지 말아야 합니다. 남을 시켜서 그렇게 해서도 안 됩니다. 노력을 들이지 않고 벌려고 하는 것은 결코 올바를 수가 없습니다. 재앙을 면키 어렵습니다. 남의 물건에 손을 대는 일 앞에는 재앙의 문이 끊임없이 열려 갈 것임을 알아야 합니다. 투도 죄를 많이 지은 사람은 보시로써 참회해야 합니다.

'사음중죄금일참회', 자기 아내가 아닌 사람, 자기 남편이 아닌 사람과의 만남은 사회적으로나 도덕적으로 많은 해악을 끼칩니다. 사람은 방종하기가 쉽습니다. 방종은 영혼을 탁하게 합니다. 탁한 마음이 다른 사람을 해칩니다. 정조를 함부로 여기게 되면 마음은 산란해집니다. 사음을 하면 번뇌가 많아집니다. 한 사람과 한 사람이 만나 영원을 향해 가는 마음 자세가 대단히 중요합니다. 사음을 저지른 사람들은 배신을 많이 당하는 과보를 받습니다. 정행(淨行)으로 참회해야 합니다.

'망어중죄금일참회', 거짓말하지 마십시오. 거짓말은 큰 재앙입니다. 거짓말을 하면 사회가 혼란해집니다. 이 사회에 여러 가지 문제를 야기하는 가장 큰 원인은 거짓말입니다. 거짓말을 많이 하면 남들이 믿지 않고 업신여기는 과보를 받습니다.

'기어중죄금일참회', 기어(綺語)는 꾸며대는 말입니다. 모든 것을 정확하게 듣고 본 대로 하지 않고 꾸며서 자기 의견을 가미해 하는 말이 기어입니다. 기어는 거짓말과 다를 바 없습니다. 자기 의견을 덧붙이게 되면 원래 말한 사람의 의도와 다르게 전달되니까 문제가 생깁니다. 불자들은 질박(質朴)한 말, 즉 순수하고 투박한 말만을 해야 합니다.

'양설중죄금일참회', 양설은 이간질하는 말입니다. 싸움을 붙이는 두 가지 말입니다. 부처님께서는 이간질을 하지 않았는데도 결과적으로는 이간질하게 될 경우가 있다고 하셨습니다. 비록 거짓말을 하지 않았다 하더라도 자신이 들은 대로 얘기를 하다 보면 본의 아니게 이간질한 것이 되는 경우가 있습니다. 양설의 반대말은 화합어입니다. 불자들은 화합하는 말을 해야 합니다. 그래서 말을 조심해야 합니다. 오해를 줄 수 있는 소지가 있는 말들을 자제해야 합니다. 말을 옮기지 말아야 하며, 남에게 이익되는 말과 칭찬하는 말과 진리 이외의 말은 하지 말아야 합니다.

'악구중죄금일참회', 악구는 욕설입니다. 남을 헐뜯는 말입니다. 남을 헐뜯는 것은 자기를 헐뜯는 일입니다. 남의 약점을 보기 전에 먼저 자기의 약점을 보십시오. 남을 헐뜯는 사람은 잘되는 법이 없습니다. 부처님께서는 항상 "남을 이기려고 하지 말고, 너 자신을 이기도록 해라." "남을 헐뜯기보다, 너를 먼저 헐뜯어라."라고 하셨습니다. 불자들은 항상 부드러운 말과 아름다운 말을 써야 합니다.

'탐애중죄금일참회', 탐애라고 하는 것은 나의 이익만을 생각하는 마음입니다. 마음 밑바닥에 내가 깔려 있는 마음입니다. 불교에서는 나 없음의 깨달음을 가장 중대하게 여깁니다. 탐욕은 이 세상에서 나와 남을 갈라놓고 불화를 조장하게 됩니다. 탐욕은 무소유의 마음으로 참회해야 합니다.

'진에중죄금일참회', 걸핏하면 화를 내는 마음입니다. 참을성이 부족한 마음입니다. 참는다는 것은 기다림입니다. 기다리는 사람만이 성공합니다. 한순간의 진심이 백겁 동안 쌓아 온 공덕을 앗아간다고 합니다. 화를 자주 내는 사람은 좋은 사람을 모두 잃어버립니다. 이런 사람은 이혼을 하고 친구가 없어 외로운 과보를 받는다고 합니다. 인내심으로 참회해야 합니다.

'치암중죄금일참회', 우리는 살아 있는 한 끊임없이 배워야 합니다. 우리는 배우는 만큼, 아는 것만큼 살게 되어 있습니다. 아는 만큼 생각하고, 아는 만큼 반성하고, 아는 만큼 살게 되어 있습니다. 어리석음은 모든 재앙의 근본입니다. 그러기에 모르는 것은 곧 큰 재앙입니다. 어리석음이야말로 이 세상에서 가장 큰 무서움이라 말한 성인도 있습니다. 끊임없이 공부하고, 끊임없이 앞으로 나아가야 합니다. 신앙이라는 것은 깨달음을 통해서 지혜를 양성해 가는 과정입니다. 우리는 항상 참회하는 마음으로 공부하며 살아가야 합니다. 매일 《천수경》을 봉독하고 108배 참회하십시오. 그것이 여러분들 마음에 평화를 가져오는 길입니다. 참회야말로 안락을 가져오고 열반을 가져옵니다. 백겁 동안 쌓여 온 죄일지라도 진실로 참회하는 한 생각이 있으면 하나도 남김없이 소멸시킬 수 있다고 했습니다.

백겁적집죄(百劫積集罪)

일념돈탕진(一念頓蕩盡)

여화분고초(如火焚枯草)

멸진무유여(滅盡無有餘)

오랜세월 쌓인죄업

한생각에 없어지니

마른풀이 타버리듯

남김없이 사라지네

　우리는 《천수경》 공부를 시작하면서 뜻도 모른 채 무작정 봉독하지 말고 그 뜻을 올바로 이해하고 깊이 음미하면서 독송하자고 했습니다. 뜻을 모르고 읽는 사람에게 십의 공덕이 있다면, 뜻을 이해하고 음미하면서 봉독하는 사람에게는 백의 공덕이 있고, 그 뜻대로 실천하면서 사는 사람에게는 만의 공덕이 있다고 했습니다.

　여러분은 이 게송의 뜻을 올바로 이해하고 읽었습니까, 아니면 그냥 읽었습니까? "억겁 동안 지은 죄가 한 생각에 모두 없어진다."고 했는데, 정말 그럴 수 있을까요? 억겁 동안 지은 죄가 한 생각에 모두 없어질 수 있습니까? 여러분들은 이 부분을 읽으면서 어떻게 생각하십니까? 그냥 좋은 말이니까 강조하고 과장해서 한 말일까요, 아니면 그냥 그렇게 되기를 바라면서 한 번 해 본 소리일까요? 만일 억겁 동안 지은 죄가 정말 한 생각에 모두 없어질 수 있다면 어떻게 없어질 수 있는 것일까요? 이 부분을 이해하기 위해서는 '이

참(理懺)'과 '사참(事懺)'에 대해서 알아야 합니다.

이참

결론부터 먼저 말씀드리면, 사참으로는 억겁 동안 지은 죄를 한 순간에 다 없앨 수 없습니다. 그러나 이참으로 하자면 억겁 동안 지은 죄라 할지라도 순식간에 다 없앨 수 있습니다.

우리가 죄를 지을 때는 현상적으로 드러난 행동으로 짓는 죄가 있고, 우주와 인생의 도리를 몰라서 짓는 죄가 있습니다. 구체적 현상 속에서 신·구·의 삼업으로 지은 죄는 신·구·의 삼업으로 직접 참회하는 수밖에 없습니다. 바로 신·구·의 삼업이라고 하는 구체적 행동으로 하는 이런 참회를 사참이라고 합니다. 그러므로 사참은 시간이 걸립니다. 우리가 한량없는 시간 속에서 지어온 업장들은 끝없이 계속되는 사참으로 녹여 나아가야만 합니다. 그러나 우주와 인생의 도리인 법을 모르는 데서 비롯한 업장은 우주와 인생의 도리인 법을 깨닫는 순간 모두 녹아 버립니다. 사참은 거울에 낀 때를 차근차근 깨끗하게 닦아 내듯 점차적으로 하는 것이며, 이참은 어두운 방에 불을 켰을 때 순식간에 어둠이 사라지고 밝아지듯이 단박에 업장을 녹이는 것입니다.

이 같은 도리를 《능엄경》에서는 "사(事)의 차원, 즉 현상의 차원에서는 단계적(漸)이지만, 리(理)의 차원, 즉 도리의 차원에서는 순간적(頓)이다."라고 설명합니다. 우주와 인생의 도리, 즉 법이라고 하는 것은 다름 아닌 연기법(緣起法)입니다. 그래서 연기법이야말로 부처님 가르침의 시작이자 끝인 것입니다. 연기법을 모르면 불교를 모르고 연기법을 알면 불교를 아는 것입니다. 다시 말하자면 연기법을 깨닫는 것이 이참입니다. 연기법을 깨달으면 모든 죄업의 업장이 순간적으로 녹아 버리는 이참이 이루어집니다. 그것은 마치 한 개비의 성냥으로 집 한 채를 다 태워 버릴 수 있는 것과 같습니다. 성냥 개비 하나만 있으면 아무리 큰 짚더미라도 하나 남김 없이 다 태울 수 있는 것처럼 이참 한 번으로 모든 업장을 다 녹일 수 있는 것입니다. 그래서 "억겁 동안 지은 죄 한 생각에 모두 없어지니, 마른풀이 불에 타듯이 흔적조차 없어지네."라고 하는 것입니다.

다음에 이어서 나오는 한 구절의 게송이야말로 이 '이참'의 본질을 잘 말해 주고 있습니다.

죄무자성종심기(罪無自性從心起)
심약멸시죄역망(心若滅是罪亦忘)
죄망심멸양구공(罪忘心滅兩俱空)
시즉명위진참회(是則名爲眞懺悔)

죄의자성 본래없어 마음따라 일어나니
마음이 사라지면 죄도함께 없어지네
모든죄가 없어지고 마음조차 사라져서
죄와마음 공해지면 진실한 참회라네

'죄무자성종심기'란 죄라는 것이 원래 실체가 없어 마음 따라 일어난다는 뜻입니다. 실체라는 것은 독존(獨存)하거나 항존(恒存)하는 것입니다. 죄는 독존하거나 항존하는 것이 아니라 의존하여 일시적으로 존재하는 것입니다. 이 뜻이 좀 어렵게 들릴지 모르지만 불교를 제대로 알자면 이 뜻을 알지 않으면 안 됩니다. 아버지가 자기 혼자 아버지 되는 것은 아닙니다. 아들이 태어남으로써 아버지가 될 수 있습니다. 아버지는 아들에 의존하는 것이지요. 그리고 아버지는 영원히 아버지일 수는 없습니다. 아들이 죽으면 아버지도 더 이상 존재할 수 없습니다. 아들 역시 아버지가 돌아가시고 나면 더 이상 아들이 아닙니다. 아내와 남편도 마찬가지이고 스승과 제자도 마찬가지입니다. 아내는 남편에 의해서 존재하게 되며 남편은 아내에 의해서 존재하게 됩니다. 아내 없는 남편은 있을 수 없습니다. 아내에 의해서 남편이 되었다가 아내가 사라지면 홀아비가 되며, 남편에 의해서 아내가 생겨났다가 남편이 사라지면 과부가 되는 것 아닙니까? 이 세상의 어떤 존재나 현상도 독존하거나 항존하지 못하고 의존하며 일시적으로 존재한다는 것이 진리입니다. 이것이 바로 연기법의 내용입니다. 모든 존재가 독존하고 항존하는 실체적 존재가 아니라 의존하고 일시적으로 존재한다는 것이 연기법입니다. 이 연기법을 깨닫는 사람이 바로 부처이며, 연기법을 깨닫는 사람은 이기심과 집착심에서 벗어나 자유를 누릴 수 있는 것입니다. 이것이 바로 부처님 가르침의 요체입니다.

죄 역시 마찬가지로 연기법에서 예외가 아닙니다. '심약멸시죄역망'이란 죄가 본래 실체가 없이 연기한 것이기 때문에 죄를 짓게 된 잘못된 마음이 사라지면 죄도 함께 사라진다는 것입니다. 방금 말했듯이 죄는 실체가 없기 때문입니다. 죄는 독존하거나 항존하는 것이 아니라 의존적으로 존재하고 일시적으로 존재하기 때문입니다. 이렇게 죄를 짓게 된 잘못된 마음이 사라지면 그것이 바로 진정한 참회인 것입니다. 즉 진정한 참회란 다름 아닌 연기법을 깨닫는 깨달음입니다. 이것이 이참입니다. 그렇기 때문에 이참은 순간적으로 모든 죄를 다 녹여 버릴 수 있는 것입니다. 우리가 아무것도 보이지 않는 캄캄한 어두운 방에 들어가 스위치를 눌러 불이 켜지면, 순간적으로 모든 어둠이 일시에 사라지는 것과 똑같은 이치입니다.

우리가 짓는 죄도 마찬가지입니다. '죄무자성(罪無自性)', 즉 죄는 자성이 없습니다. 죄는 다른 것이 아니라 진리에 대한 오인, 즉 우주와 인생이 연기법에서 벗어나지 못함을 알지 못하는 잘못된 한 생각에서 비롯되는 것입니다. 연기법을 깨닫는 이참을 이룬다면 단박에 모든 죄는 사라지고 한순간에 대자유의 해탈을 이룰 것입니다.

사참

이참에 대해서 말씀드렸으니 이제 사참에 대해서 말씀드려야겠습니다. 연기법을 바로 깨닫는 것은 쉽지 않습니다. 많은 수행이 있어야 합니다. 그래서 우리는 수행의 한 방편으로서 선행을 하고 기도를 합니다. 궁극적으로 연기법을 깨달아 대자유의 해탈로 가는 아주 쉬운 방편이 바로 《천수경》을 봉독하고 기도하며 그 가르침대로 따라 사는 길입니다.

　대부분의 불자들은 사회생활도 해야 하고 가정생활도 영위해야 하기 때문에 전심전력으로 연기법을 깨닫는 일에 몰두할 수 없습니다. 그래서 바닷물처럼 무한한 공덕을 지닌 관세음보살의 가피가 필요합니다. 바닷물은 한량이 없어서 아무리 퍼서 써도 줄지 않습니다. 관세음보살의 공덕이 바로 이와 같습니다. 우리가 《천수경》의 가르침에 따라 지극하게 관세음보살에 귀의하고 가피를 구하면 관세음보살님의 가피력으로 어려운 액난도 소멸시키면서 수행정진의 길을 갈 수 있습니다. 머리 깎고 산 속에 깊이 숨어 살면서 수행정진한다면 화두 하나만 들어도 됩니다. 그러나 여러분들은 세속의 생활을 하면서 살아야 하니까 관세음보살님의 가피력에 기대어야 되는 것입니다. 거듭 말씀드리지만 우리들에게 《천수경》만큼 멋진 신행의 방편은 없습니다.

참회진언(懺悔眞言)
　옴 살바 못자 모지 사다야 사바하 (3번)

　우리는 언제 어디서나 끊임없이 참회진언을 항상 마음 가운데 모셔야만 합니다. 그래야만 하는 일이 술술 잘 풀립니다. 억겁 전부터 우리는 지금까지 많고 많은 죄를 지으며 살아왔습니다. 그렇기 때문에 그 많은 업장들이 우리의 앞길을 막고 있습니다. 우리가 어떤 일을 하고자 할 때, 우리가 어떤 소원을 이루고자 할 때, 그것이 이루어지지 않는 이유가 무엇이겠습니까? 그것은 바로 우리가 지은 죄의 업장이 길을 가로막고 있기 때문입니다. 그러므로 우리가 하고자 하는 일이 잘 성사되고 우리가 소원하는 바가 이루어지기 위해서는 업장을 녹여야만 합니다. 업장을 녹이는 데는 첫째도 둘째도 셋째도 참회입니다.

사참으로서의 참회란 '과거에 지은 잘못은 뉘우치고 앞으로 다시는 그러한 잘못을 반복해서 저지르지 않겠다는 다짐'입니다. 즉 참회란 '뉘우침과 다짐'입니다. 《천수경》을 따라서 봉독하다 보면 저절로 참회를 하게 됩니다. 그러나 참회는 구체적으로 하면 더 좋습니다. 특히 혼자서 기도를 하게 될 때 참회에 더욱 많은 힘을 쏟으면 좋습니다. 이 참회진언을 하기 직전에 자신이 평소에 지은 잘못에 대해서 구체적으로 하나하나 부처님께 고해바치는 것이 좋습니다. 평소에 지은 잘못을 하나하나 떠올리면서 하나하나 부처님 전에서 뉘우치고 다짐하는 것입니다. 심지어 큰소리로 소리 내어 고해바치면 더 좋습니다. 아니면 종이에 자세하게 적어서 읽어 바치고 불단에 올려 두었다가, 나중에 기도를 마치고 난 다음에 불로 사르면 더욱 좋습니다. 사참은 이렇게 구체적으로 하는 것입니다. 그렇게 자신의 죄를 자세하게 구체적으로 참회할수록 좋습니다. 그렇게 진정으로 그리고 구체적으로 참회하는 과정에서 여러분은 마음이 시원해지는 것을 느낄 수 있을 것입니다. 그렇다면 일단 참회가 잘 이루어졌다고 할 수 있습니다. 그리고 나서 이 참회진언을 수없이 여러 번 외우십시오.

또한 이렇게 부처님께 고해바치고 난 다음에는 절을 하는 방법이 좋습니다. 부처님께 자신의 잘못을 세세하게 고해바치고 나서 참회 진언을 외우면서 계속 절을 하는 것이 사참으로서 아주 좋은 방법입니다. 절을 하는 것은 아주 좋은 수행법입니다. 연기법을 깨닫는 것은 이참이라고 했습니다. 반면에 절을 하는 것은 사참입니다. 사참으로서의 절은 이참으로서의 연기법을 깨닫는 것과 마찬가지로 우리들로 하여금 이기심과 집착심에서 벗어나게 해 줍니다.

절은 잘못을 뉘우치는 참회, 아만심(我慢心)을 내려놓는 하심(下心), 맹세(誓願)를 세우는 발원(發願), 부처님을 찬양하는 예배를 위한 더없는 수행법입니다. 절은 현재 한국 불교의 재가신자들에게 가장 보편적인 수행법이 되었습니다.

깨달음과 절이 방법은 다르지만 그 효과는 똑같은 것입니다. 그리고 하기 쉬움에 있어서는 비교가 안 될 만큼 절이 훨씬 쉽습니다. 그러니 우리는 아주 쉬운 실천방법인 절을 통해서 부처님 가르침의 핵심인 연기법의 깨달음과 같은 공덕을 지을 수 있는 것입니다. 그러니 사참으로서의 절이 얼마나 많은 공덕을 지니고 있는지 아실 것입니다.

절을 할 때는 108배를 할 수도 있고 300배를 할 수도 있으며, 천배 혹은 삼천 배를 할 수도 있습니다. 처음부터 자신이 하고자 하는 숫자를 정해 놓고 그것을 성취하는 것이 좋습니다. '절을 하는데 숫자가 뭐 그리 중요하냐, 하는 만큼만 하면 되지.'라고 생각할 수도 있습니다. 그러나 그렇지 않습니다. 절이든 기도하는 날짜든 먼저 목표를 정하고 그것을 성취해 내는 것이 좋습니다. 성취하는 기도에 대한 재미있는 이야기가 있습니다만, 뒤로 미루어야겠습니다.

참회를 한 다음에 일상생활로 돌아가면 지은 업장을 녹이고 공덕을 지을 수 있는 자비행을 실천해야 합니다. 참회만으로도 공덕이 많지만 가장 큰 공덕은 일상생활 속에서 부처님 가르침대로 사는 것입니다. 일상생활 속에서 이기심과 집착심을 버리고 자비를 실천하며 살 때, 그것이 바로 최고의 공덕을 심는 길입니다. 늘 말씀드리듯이 업장을 지으면 하는 일마다 막히고 공덕을 심으면 하는 일마다 소원대로 풀리는 것입니다. 그러니 《천수경》을 잘 이해하고 봉독하면서 일상생활 속에서 그 가르침대로 신행한다면 참회가 저절로 이루어져 업장이 녹고 공덕이 쌓입니다. 그렇다면 우리의 소망은 큰 어려움 없이 모두 이루어질 것입니다

8. 준제주(准提呪) : 관세음보살님께 바치는 다라니

참회는 불자들의 신행생활에서 토대를 쌓는 과정이라고 할 수 있습니다. 어떠한 소망도 업장이 가로막고 있으면 이루어 낼 수가 없습니다. 업장을 녹여 없애야만 우리의 소망을 이룰 수가 있습니다. 그 업장을 녹여 내는 데에 반드시 필요한 과정이 참회입니다. 과거의 잘못을 뉘우치고 앞으로 다시는 그러한 잘못을 반복해서 저지르지 않겠다는 다짐을 하는 것이 참회의 기본 뜻입니다.

《천수경》은 우리들로 하여금 자연스럽게 참회를 할 수 있는 과정

으로 이끌어 줍니다. 즉《천수경》을 봉독하게 되면 저절로 참회가 되도록 되어 있습니다. 그러니《천수경》은 우리들의 올바른 신행생활에 아주 유용한 경전입니다. 앞에서 우리는《천수경》 공부를 시작하면서 뜻도 모른 채 무작정 봉독하지 말고 그 뜻을 올바로 이해하고 깊이 음미하면서 독송하자고 했습니다. 뜻을 모르고 읽는 사람에게 십의 공덕이 있다면, 뜻을 이해하고 음미하면서 봉독하는 사람에게는 백의 공덕이 있고, 그 뜻대로 실천하면서 사는 사람에게는 만의 공덕이 있다고 했습니다.

준제공덕취(准提功德聚)
적정심상송(寂靜心常誦)
일체제대난(一切諸大難)
무능침시인(無能侵是人)

준제주는 모든공덕 보고이어라
고요한 마음으로 항상외우면
이세상 온갖재난 침범못하리

준제보살 역시 관세음보살님의 다른 이름입니다. 관세음보살님은 한량없는 공덕을 지은 분이십니다. 관세음보살님의 그 한량없는 공덕은 엄청난 위력을 지니고 있습니다. 우리가 그분의 위신력을 조금이라도 가피 받을 수 있다면 그것은 엄청난 다행일 것입니다. 그리고 관세음보살님은 우리 중생들을 한없이 안아 들이시는 보살님이십니다. 어머니의 마음을 지닌 보살입니다. 우리들은 모두 다 관세음보살님의 가피력을 힘입고 있습니다.

관세음보살님은 불모(佛母)라고 합니다. 불모란 부처님의 어머니라는 뜻입니다. 우리 중생들로 하여금 부처로 거듭 태어나게 해 주시는 보살님이라는 뜻입니다. '준제공덕취'에서 취(聚)자는 무더기 취자입니다. 준제보살님의 공덕의 무더기가 《천수경》에 들어 있고, 부처님 가르침 가운데 들어 있고, 관세음보살님께 기도 드리는 우리들의 마음속에 들어 있습니다.

나옹화상 발원문에는 "내 이름을 듣는 이는 삼악도를 벗어나고 나의 모양 보는 이는 해탈도를 이루어지이다."라고 했습니다. 이름 듣는 것만으로 삼악도를 벗어나면 얼마나 좋겠습니까? 관세음보살님 명호를 자꾸만 독송하게 되면 삼악도의 중생들이 더 이상 악도의 과보를 받지 않는다고 했습니다. 여러분들이 염불을 많이 하고 기도를 많이 하면 삼악도의 중생들이 그 소리를 듣는 동안에는 고통을 쉰다고 합니다. 그 얼마나 큰 공덕입니까? 그래서 염불하는 공덕이 큰 것입니다. 이 모든 공덕은 전부 관세음보살님이 과거의 수행에서 쌓은 공덕에서 비롯되는 것입니다. 이처럼 우리가 《천수경》으로 기도하는 생활을 하면 관세음보살님의 공덕의 가피를 받을 뿐만 아니라 관세음보살님과 같은 무량한 공덕을 쌓기도 하는 것입니다.

'적정심상송(寂靜心常誦)'이란 《천수경》을 외우고 관세음보살님의 명호를 외우되 항상 번뇌망상이 사라진 차분하고 고요한 마음으로 독송해야 된다는 뜻입니다. 적정심이란 번뇌망상이 가라앉은 마음입니다. 관세음보살님을 부르며 기도를 하는 마음은 유리알처럼 맑고 천지가 벌어지기 이전의 상태처럼 고요해야 합니다. 산란한 마음으로 흔들리는 마음으로 하는 기도는 이루어지지 않습니다. 모든 생각과 번뇌가 끊어지고 오로지 관세음보살님의 서원과 공덕에 집중하는 마음이라야 합니다. 그런 고요한 마음으로 항상 관세음보살님의 명호나 《천수경》을 외운다면 우리의 기도가 이루어지지 않을 리가 없습니다.

우리가 그런 마음으로 기도한다면 '일체제대난(一切諸大難) 무능침시인(無能侵是人)', 즉 온갖 모든 어려움이 우리를 피해 갑니다. 살아가다 보면 어려움도 많고 고통도 많고 액난도 많습니다. 우리나라에서 일 년에 교통사고로 죽는 사람들이 7천 명이 넘습니다. 암에 걸려 죽는 사람들은 이보다 더 많습니다. 우리 사바세계의 중생들은 그런 재난을 피해 갈 수 없습니다. 그러나 관세음보살님의 가호와 가피에 의지한다면 능히 그런 재난들을 피해 갈 수 있습니다.

어려운 일이 닥쳐올 때는 꼭 기도하십시오. 조용히 꿇어앉아 관세음보살님을 부르십시오. 열심히 108배를 하십시오. 해답이 제시되지 않고 어떻게 해야 될지 모를 때, 그럴 때는 무조건 기도를 하는 것입니다. 간절하게 기도하면 부처님이나 관세음보살님의 음성이 들립니다. 앞으로 나가야 좋을지, 뒤로 물러서야 좋을지, 일어서야 좋을지, 앉아야 좋을지, 이 모든 것을 결정해 주시는 분은 부처님과

보살님입니다. 기도의 법도에 따라 간절하게 기도하면 틀림없이 그 소리를 들을 수 있습니다. 만일 그 소리를 들을 수 없다 하더라도 간절하게 기도하고 나서 결정을 하면 후회가 없습니다.

중대한 일을 인간의 사량분별로 함부로 결정해 버리면 그 다음에 괴로움이 올 수 있습니다. 그러나 기도를 하다 보면 한순간 불현듯 떠오르는 생각이 있습니다. 그 생각을 따라가면 실수가 없습니다. 우리는 항상 그렇게 살아야 합니다. 해답이 올 때까지 항상 기도하고 기다리며 살아야 합니다. 열심히 기도 정진하며 살아가면 일체의 액난이 그 사람을 덮쳐들어 오지 않는다는 얘기입니다. 기도 정진하면 액난이 들어올 구석이 없습니다. 액난이란 항상 허점이 있어야만 파고들어옵니다. 항상 적정심으로 마음을 가라앉히고 자신을 주시하며 기도하는 생활을 하면 허점이 보이지 않습니다.

《천수경》은 준제관세음보살님의 거대한 공덕이 갈무리된 경전입니다. 《천수경》으로 기도하면 그 무량한 관세음보살님의 공덕이 흘러들고, 그래서 일체 큰 액난들이 그 사람을 침노하지 못합니다.

천상급인간(天上及人間)

수복여불등(受福如佛等)

우차여의주(遇此如意珠)

정획무등등(定獲無等等)

하늘이나 사람이나 모든중생이

부처님과 다름없는 복을받으니
이와같은 여의주를 지니는이는
결정코 최상의법 이루오리라

《천수경》에 따라서 법도에 따라서 끊임없이 기도정진을 하게 되면 천상에 있는 인간이나 이 세상에 있는 인간을 막론하고 누구든지 준제관세음보살의 거룩한 복을 받게 됩니다. 그 복을 받는 것이 마치 수복여불등(受福如佛等), 즉 부처님과 마찬가지의 복을 받는다는 것입니다. 이보다 더 놀라운 일이 또 어디에 있습니까? 부처님과 꼭 같은 복을 받는다니 정말 놀랍고도 놀라운 일입니다. 《천수경》과 관세음보살을 향한 기도는 이러한 위신력과 가피력을 가지고 있습니다. 이 같은 도리를 알고 믿는 사람은 의심 없이 엄청난 가피를 얻습니다.

아무런 능력이 없는 사람도 부처님의 그림만이라도 걸어 놓고 열심히 기도한다면 사람들이 찾아와 불전을 놓습니다. 그러면 그 사람은 적어도 먹고사는 걱정은 안 해도 됩니다. 자, 부처님의 공덕이 얼마나 큽니까? 2천5백 년 전에 열반에 드신 분의 공덕이 이처럼 큽니다. 그분 이름만 열심히 부르면 먹고사는 문제가 그대로 해결됩니다. 이 모든 것이 그분의 공덕입니다.

'여보소도(如寶所導) 이불기행(而不起行)'이라는 말이 있습니다. 이 말은 부처님께서 우리를 보배가 가득한 창고로 인도하는데도 어리석은 중생들이 믿지 못하고 따르지 않는다는 뜻입니다. 《천수경》에 따라 기도로써 살아가는 사람은 부처님과 꼭 같은 복을 받을 터이니 그곳이 보배창고가 아니고 무엇이겠습니까?

이는 마치 우차여의주(遇此如意珠), 즉 여의주를 만난 것이나 다름없다는 뜻입니다. 《천수경》에 담긴 부처님의 가르침과 그에 따라 관세음보살에게 기도하는 마음은 바로 다름 아닌 여의주와 같다는 뜻입니다. 기도하는 분들은 마음 가운데 여의주를 품고 계시는 분들입니다. 모든 것을 다이아몬드와 황금으로 변모시키는 능력을 가지고 계시는 분들입니다. 여의주가 무엇입니까? 모든 것을 자기 뜻대로 이룰 수 있는 보물입니다. 《천수경》과 관세음보살님을 따라하는 기도가 바로 여의주입니다. 여러분들이 무엇으로 소망을 이루겠습니까? 기도밖에는 길이 없습니다.

그러나 고통 없이 되는 일은 없습니다. 누워서 떡을 먹는 것도 체하는 수가 있습니다. 여러분 마음 가운데 기도하는 마음과 정진하는 마음만 가지면 언젠가는 여의주를 나의 것으로 만들 수 있습니다. 정말로 기도하는 마음 하나 가지면 여의주를 지닌 것과 같습니다. 여의주는 모든 것이 다 마음먹은 대로 이루어지게 할 수 있는 보배구슬입니다. 다만 그 구슬을 얻기까지는 지극한 정성의 기도가 있어야 합니다.

그렇게 《천수경》의 가르침에 따라 관세음보살님께 기도한다면 정획무등등(定獲無等等), 즉 결국에는 깨달음을 얻어 부처가 될 것입니다. 무등등을 획득한다는 것은 결정코 부처가 된다는 뜻입니다. 무등등은 부처님으로 해석해도 좋습니다. 깨달음으로 생각해도 좋습니다. 또한 더 이상 구할 것이 없는 최상의 경지라고 해석해도 좋습니다. 부처가 된다는 것은 참으로 어려운 일입니다. 그러나 부처가 된다면 아무것도 더 이상 바랄 것이 없습니다.

관세음보살님께 기도하면 우리들의 현실적 소원들을 이룰 수 있습니다. 관세음보살님의 서원은 우리 사바세계 중생들의 갖가지 소원들을 남김없이 들어주는 것이기 때문입니다. 그러나 관세음보살님은 우리 사바세계의 소원만을 들어주는 분이 아닙니다. 관세음보살님은 궁극적으로 모든 중생들이 깨달음을 얻어 해탈하기를 바라십니다. 그래서 관세음보살님께 기도하면 궁극적으로 깨달음을 얻어 해탈을 이루게 되는 것입니다. 다시 말해서 기도를 통해서 성불을 하게 되는 것입니다.

《천수경》은 이토록 중요하고 공덕이 큰 경전입니다. 여러분은 이제 《천수경》의 위신력을 어느 정도 아시게 되었습니다. 그러니 앞으로 《천수경》을 열심히 봉독하고 그에 따라 신행생활을 해 나아가셔야 할 것입니다.

나무칠구지불모대준제보살(南無七俱胝佛母大准提菩薩)
칠만억 부처님의 어머니이신 큰 준제보살님께 의지합니다.

진정으로 우리는 칠구지불모대준제보살(七俱胝佛母大准提菩薩)님께 귀의해야 합니다. '나무'는 귀의한다는 뜻이며 '칠구지'는 무한한 숫자를 가리키는 것입니다. 나무칠구지불모대준제보살은 "저 먼 과거로부터 저 먼 미래까지 칠구지 무량한 부처님의 어머니이신 준제관세음보살님께 간절한 마음으로 귀의하옵나이다." 이런 뜻입니다. 저는 "관세음보살은 부처님의 어머니이다"라는 뜻의 불모(佛母)라는 말을 아주 좋아합니다. 어머니란 자녀를 낳아 주는 분입니다. 관세음보살을 믿고 따르면 결국 부처가 된다는 뜻입니다. 우리는 불자(佛子)이고 관세음보살은 불모(佛母)입니다.

거듭 말씀드리지만, 《천수경》은 참으로 중요한 경전입니다. 그 뜻이 참으로 깊을 뿐만 아니라 우리들의 생활에 아주 유용한 경전입니다. 모든 사찰들이 《천수경》만이라도 제대로 강의하고 가르쳐서 모든 불자들이 그 뜻을 제대로 알고 실천한다면 얼마나 좋을까 하는 생각을 자주 합니다. 여러분들도 이 기회에 《천수경》을 잘 배우시고 배운 대로 따라 생활함으로써 이 사바세계에서는 행복한 생활을 하시고 궁극에는 성불을 이루시어 삼계의 고해를 벗어나 열반의 행복을 누리시기 바랍니다.

우리가 기도를 하고자 할 때 제일 먼저 하는 것이 무엇입니까? 《천수경》의 맨 앞에서 무엇을 합니까? 우리의 입과 몸과 마음을 깨끗이 하는 '정화(淨化)'의 과정이었습니다. 불교뿐만 아니라 모든 종교들은 입과 몸과 마음을 깨끗이 하는 정화의 과정을 몹시 중요시합니다. 대체로 물로 씻는 것이 일반적이지만 어떤 종교는 불로 그을리기까지 합니다. 모닥불을 피워 놓고 이리저리 뛰어넘으면서 몸에 붙은 부정한 것들을 태워서 깨끗이 하는 겁니다. 불교는 먼저 입으로 정구업진언과 정법계진언을 외웁니다.

정법계진언(淨法界眞言) : 법계를 맑게 하는 진언

옴 남 (3번)

정법계진언은 우리가 살아가고 있는 법계, 즉 온 우주를 청정하게 정화하는 진언입니다. 그리고 온 우주의 청정한 기운을 지금 내가 기도하고 있는 도량으로 끌어 모으는 진언이기도 합니다. 우리는 이 정법계진언으로써 온 우주와 우리가 지금 기도하는 이 도량을 청정하게 하고, 또 이곳에 온 우주의 기운을 집중시키는 것입니다. 좋은 기운들이 모일 때 원하는 일이 성취됩니다. 한 사람의 힘은 보잘것없이 작습니다. 나 하나의 힘으로 할 수 있는 일은 아주 작습니다. 무엇이든 큰일을 하고자 한다면 많은 사람들의 힘과 우주의 기운이 도와주어야 합니다. 다른 사람들의 힘과 우주의 힘이 나에게 모여들어 도와줄 때 비로소 하고자 하는 일을 이룰 수가 있습니다. 정법계진언은 우주의 힘과 기를 모으는 그런 진언입니다.

다음은 호신진언입니다.

호신진언(護身眞言) : 몸을 보호하는 진언

옴 치림 (3번)

사바세계에서 살고 있는 우리는 언제 어디에 있든 항상 재난을 당할 가능성이 많습니다. 우리나라에서는 하루에 평균 25명씩 교통사고로 죽습니다. 뿐만 아니라 부상을 당하는 사람은 일 년에 약

20만 명인데 중상을 당하는 사람이 약 3만 명이나 된다고 합니다. 그래서 지금 우리나라에는 교통사고로 중증 장애인이 된 사람이 물경 150만 명 정도나 된다고 합니다. 정말 무서운 일입니다. 나 혼자서 준법운행을 하고 나 혼자서 방어운전을 한다고 해서 교통사고로부터 완전히 안전한 것은 아닙니다. 상대방이 와서 들이받는 데는 장사가 없습니다. 그렇다고 해서 우리가 차를 안 타고 다닐 수는 없습니다. 걸어 다녀도 차가 와서 들이받아 죽입니다. 술 먹고 운전하는 사람들이 인도로 뛰어들고 심지어 잠자는 집으로 돌진하기도 합니다. 나만 조심한다고 피할 수 있는 일이 아닙니다. 그만큼 사바세계에 살아가고 있는 우리는 일상생활 속에서 수없는 위험에 노출되어 있습니다.

어디 교통사고뿐입니까? 강도 살인으로 죽거나 강도 상해로 다치는 사람들도 해마다 수천 명이 넘고, 장마나 물놀이하다가 물에 빠져 죽는 사람, 산사태로 흙에 깔려 죽는 사람, 화재로 타 죽는 사람도 적지 않습니다. 해마다 전국적으로 큰 산불이 많이 났습니다. 그때마다 타 죽은 사람들이 수십 명입니다. 사바세계의 우리는 항상 한 치 앞도 내다볼 수 없는 무서운 재난에 노출되어 있습니다.

우리가 사고를 당하고 불행한 운명에 처하는 것은 온갖 삿된 기운들이 우리를 침범하기 때문입니다. 그러나 우리가 항상《천수경》의 이 호신진언(護身眞言)을 자주 많이 외우면, 모든 호법신장들이 우리들을 가호하여 지켜 줌으로써 삿된 기운이 우리를 침범하지 못합니다.《천수경》을 독경하고 관세음보살님을 찾으며 호신진언을 외우면, 온갖 삿된 기운들이 다 멀리 비켜 흘러나가 버립니다. 온갖 삿된 기운과 위험에 둘러싸여 살아가고 있는 사바세계의 우리는 항상 《천수경》의 호신진언을 외움으로써 그나마 안전을 도모할 수 있습니다.

진언의 위신력

다음은 '관세음보살본심미묘육자대명왕진언'입니다.

관세음보살본심미묘육자대명왕진언
(觀世音菩薩本心微妙六字大明王眞言)

옴 마니 반메 훔 (3번)

이 진언은 모든 진언들 중에서 가장 널리 애송되는 중요한 진언입니다. 모든 진언들 중에서 이 관세음보살육자대명왕진언이 가장 중요하고, 이 '옴 마니 반메 훔' 여섯 자 중에서도 '옴'자 한 자가 가장 중요합니다. '옴'은 정법계진언의 '옴 남', 호신진언의 '옴 치림'에도 나와 있듯이 거의 모든 진언마다 빠지는 곳이 없습니다. 이 '옴'이 무슨 의미를 담고 있기에 이렇게 각 진언마다 들어가 있을까요?

'옴'(aum=oṃ, m, 唵)을 길게 빼면 '아움(aum)'이 되는데, 이 소리는 인도 사람들이 예부터 신성시해 온 소리로서, 이 세상의 모든 소리를 한 마디로 압축해 놓은 소리입니다. 그러므로 모든 소리의 시작이며, 그 속에 모든 소리가 다 포함되어 있고, 모든 소리가 다 이곳으로 돌아간다는 뜻입니다.

참으로 신비하고 신기한 것은 한글뿐만 아니라 이 세상의 모든 발음이 다 '아'음으로 시작한다는 사실입니다. 이 세상의 어느 나라 소리든지 모든 소리는 다 모음(母音)과 자음(子音)으로 구성되어 있고, 그 모음, 즉 어미소리는 다 '아'음으로 시작됩니다. 어느 나라 말이든지 모음은 모두 '아이우에오'입니다. 그 중에서 '아'는 모든 소리의 시초음(始初音)입니다.

'ㅜ(u)'는 중간음입니다. '아이우에오'의 모음 중에서 한가운데에 있습니다.

그리고 'ㅁ(m)'은 우리말에서 대부분 명사들의 어미(語尾)를 만듭니다. 마침, 먹음, 멈춤, 달림, 잠, 꿈, 감, 죽음 등은 모두다 ㅁ을 어미로 씁니다. 'ㅁ'이 종음(終音)으로 나타나는 것은 한글뿐만 아니라 역시 세계의 모든 언어들에서 공통 현상으로 나타나고 있습니다. 이러한 현상으로부터 전 세계 모든 민족들의 언어가 하나의 뿌리를 가지고 있다는 것을 짐작할 수 있습니다. 그러므로 이 '옴(aum)'이란 인간의 말뿐만 아니라 모든 것의 처음과 중간과 끝이라고 하는 뜻으로서 이 우주만유의 처음이자, 과정이자, 마지막이라는 의미입니다. 언어학자들에 따르면, 그리스 말 알파(α)나 오메가(Ω)도 다 '옴'에서 나온 것이며, 기독교에서 자주 하는 아멘(Amen)이라는 말도 바로 이 '옴'에서 나온 것이라고 합니다. 그러므로 이 '옴(aum)'이란 소리는 참으로 미묘하고 불가사의한 소리라는 것을 알 수 있습니다. 사실 다양한 진언들이 많지만 모든 진언은 '옴' 한 자로 충분합니다. '옴'은 이 세상의 모든 소리를 전부 내포하고 있는 궁극의 소리이기 때문입니다. 그래서 진언은 사실 해석이 불가능합니다. '옴 마니 반메 훔'도 억지로 해석해 볼 수 없는 것은 아니지만 엄격하게 말하자면 해석이 불가능한 것입니다. '우주의 처음이자, 과정이며, 마칠 때까지의 모든 것인 무진장의 존재 자체의 어떤 근본 성품이자 기운'을 소리로써 표현해 놓은 것이 '옴'입니다.

그러므로 여러분이 '옴 마니 반메 훔'을 여러 번 반복하게 되면 몸과 마음에 우주의 기운이 흘러들게 됩니다. 예전에 어느 스님은 '옴 마니 반메 훔' 진언 하나만을 평생 외웠는데 어느 단계가 되니까 신통이 저절로 열렸다고 합니다. 이 진언의 세계는 이처럼 참으로 알 수 없는 신비의 세계를 담고 있습니다.

사실 이 세상에서 가장 큰 힘은 말의 힘, 소리의 힘이라고 합니다. 말 한 마디로 사람을 죽이기도 하고 살리기도 합니다. 예를 들면 '너는 훌륭한 사람이 될 것이다'라고 계속 칭찬하는 말을 해 주면 그 아이는 그렇게 되어 갑니다. 그리고 '나쁜 놈, 바보 같은 놈' 하면서 계속 욕을 하면 또 정말 그렇게 됩니다. 이처럼 말의 힘은 말할 수 없이 큽니다. 그러니까 누구에게든 말을 함부로 하는 것이 아닙니다. 어떤 말을 하든 남의 귀에 들어가기 전에 내 귀에 먼저 들어옵니다. 내 입에서 가장 가까운 것이 내 귀이니까요. 좋은 말을 많이 들으면 좋은 마음이 생기고 나쁜 말을 많이 들으면 나쁜 마음이 생깁니다. 그러니 이 세상에서 가장 최고의 말인 진언을 외우면 내가 최고의 말을 가장 많이 듣게 되고 내 마음이 진리에 가장 가깝게 되고 우주의 기운을 가장 많이 받아들이게 되는 것입니다. 말의 힘, 진언의 힘이 이토록 위대한 것입니다.

이 세상의 모든 일들은 말에서 시작되고 말로 끝납니다. 부처님께서도 "언어가 바로 실상이다〔聲字卽實相〕."라고 하셨습니다. 말이 곧 실상의 세계를 형성하는 것이라는 뜻입니다. 기독교 경전인 《요한복음서》에서도 "태초에 말씀이 있었다."라고 하듯이 기독교인들도 세상은 말로 시작해서 말로 끝난다고 생각합니다. 그 수많은 말들 중에서 '옴'이라는 말은 최고의 진실한 말, 즉 진언(眞言)인 것입니다. 우리가 말 중에서 최고의 말인 진언을 계속 외우고 듣는다면 얼마나 좋겠습니까? 그러니까 《천수경》을 자주 많이 독송해야 하는 것입니다.

다음은 준제진언입니다.

준제진언(准提眞言)

나무 사다남 삼먁삼못다 구치남 다냐타

옴 자례 주례 준제 사바하 부림 (3번)

준제진언은 준제(准提)보살의 진언입니다. 앞서 말씀드린 대로 준제보살은 관세음보살입니다. 흔히 관세음보살은 여섯 이름으로 불립니다. 그래서 6관음이라고도 합니다. 6도에 윤회하는 중생들을 교화하기 위해 여섯 모습으로 나타나기 때문입니다. 6관음은 성(聖)관음, 천수관음, 마두(馬頭)관음, 십일면관음, 준제관음, 여의륜관음 등입니다. 성(聖)관음은 천상세계의 관세음보살이고, 천수관음은 인간세계의 관세음보살입니다. 마두관음은 축생세계를 구제합니다. 십일면관음은 아수라도를 구제하는 관세음보살이시고, 준제보살은 아귀도를 구제하는 보살입니다. 그래서 준제보살은 배고픈 아기에게 젖을 주는 어머니와 같다고 하여 '불모(佛母) 대준제보살'이라고 합니다. 여의륜보살은 지옥의 중생들을 보살피는 관세음보살입니다. 이 여섯 관세음보살이 꼭 어느 한 세계만을 보살피는 것은 아니지만 주로 자신이 맡은 중생계를 보살핀다는 뜻입니다.

좋은 말을 하고 들으면 좋은 마음이 되고, 좋은 마음을 가지면 좋은 세포가 만들어진다고 합니다. 내가 상대방을 미워하는 마음을 가지면 내 몸의 세포들이 전부 다 상대를 미워하는 세포들로 채워집니다. 상대를 미워하면 기성의 세포들은 결과적으로 부정적인 기운을 품게 되어 내 얼굴이 먼저 밉상이 되어 갑니다. 내가 상대방을 미워하면 할수록 내 얼굴이 그만큼 빨리 밉상으로 변하게 되는 것입니다. 상대를 미워함으로 인해서 자기를 밉상으로 만들어 가는 결과가 됩니다. 이 우주의 원리가 그렇습니다. 자기 몸 가운데 모가 난 세포들이 생겨나고 세포가 모가 나니까 인상도 모가 나고 날카로워지고 상대에 대한 증오심과 적개심이 얼굴에 배어들게 마련입니다. 오랜 세월이 흐르게 되면 그와 같은 몸체와 마음체를 형성해 가서 상대방에 대한 강한 적개심을 뿜어 내게 됩니다. 그리고 결국은 그런 마음들이 암 세포를 만들고 수명을 단축시키는 것입니다.

어려서부터 부모로부터 나쁜 말을 들으면서 자라는 아이들은 부모를 향한 증오심을 갖게 됩니다. 증오심을 가지고 자라난 아이들은 몸에 그런 기운이 배어 듭니다. 가만히 살펴보면 어렸을 때 가족 가운데 뭔가 문제를 안고 자란 사람들은 자꾸만 모든 일을 왜곡되게만 생각합니다. 콤플렉스가 많은 사람들일수록 바르게 생각하지 못하고 비뚤어지게 생각하며 왜곡된 시각으로 봅니다. 이런 생각이나 행동들은 다 어렸을 때 시작되어 오랜 세월 쌓여서 그렇게 된 것입니다.

누구든 몇 마디 말을 들어 보면, 그 사람이 칭찬을 들으면서 자라 왔는지 꾸지람을 들으면서 살아왔는지 금방 알 수가 있습니다. 늘 남을 칭찬하는 말을 해야 합니다. 모든 것을 긍정적으로 말해야 합니다. 마음에 들지 않는 일이 있더라도 그것을 자기 속에서 삭히고 밖으로는 온화하게 드러내야 합니다. 그것이 불자의 수행입니다. 평생 남을 나쁘게 말하고 모든 일을 부정적으로 표현하며 살아온 사람의 말년은 결코 행복할 수가 없습니다. 남을 좋게 말하고 매사를 긍정적으로 표현하는 사람은 우선 자신의 마음이 편합니다. 자신의 마음이 편해야 모든 일이 잘 풀립니다. 그리고 그런 사람은 모든 사람들의 존경과 추앙을 받습니다.

이 사바세계의 일들이 어떻게 자기 뜻대로 되겠습니까? 당연히 뜻대로 안 되는 곳이 이 사바세계입니다. 내 뜻대로 안 되니 화를 내고 욕을 하고 싫은 소리를 하겠지요. 그러나 뜻대로 안 되는 이 사바세계에서 마음을 다스리며 사는 것이 불자의 길입니다.

우리 삶의 모든 일들은 일조일석, 하루아침에 이루어진 것이 아닙니다. 오랜 세월 동안 쌓이고 쌓여서 그렇게 되는 것입니다. 모든 것이 다 사소한 하나의 생각과 말과 행동에서 비롯하여 그것이 또 다른 여파를 일으키고 그렇게 오랜 세월이 흐르면 완전히 굳어지는 것입니다. 그러니까 그때그때 말 한 마디 행동 하나하나가 참으로 중요한 것입니다. 그래서 부처님께서도 "조그마한 악행이라도 그것이 네 마음 가운데 떠오른다고 생각될 때 빨리 밟아서 없애라"고 하셨던 것입니다. 작은 일이라고 가볍게 생각하면 그것이 쌓이고 쌓여서 습관이 되는 것입니다. 어떤 사람이 거짓말 한 마디 했다고 합시다. 그러면 그 사람은 거짓말을 하지 않은 사람보다 다음에 또 다시 거짓말할 가능성이 많습니다. 한두 번은 예사로 하다가 익숙해져서 습관이 되면 다음에 또 거짓말을 하게 됩니다. 습관이 계속되면 천성(天性)이 됩니다. 그래서 습관을 제2의 천성이라고 하지 않습니까?

습관이 쌓여서 업이 됩니다. 한 번 업이 되면 이것은 알라야식 속에 완전히 새겨져서 도저히 어쩔 수가 없게 됩니다. 깊고 깊은 참회를 하지 않으면 그 업이 녹아내리지 않습니다. 업장소멸이란 참으로 어려운 것입니다. 말이 업장소멸이지 한 번 쌓인 업장은 참으로 지워지기 어렵습니다. 그래서 우리는 업장에 따라 두고두고 윤회를 하는 것입니다.

마음이 여러분들의 모든 삶을 결정짓는 기준이 된다는 것은 여러분들이 먼저 아실 겁니다. 그리고 그 마음을 결정하는 가장 중요한 요인이 바로 말이라는 사실을 명심하십시오. 좋은 말을 하면 좋은 마음을 갖게 되고, 좋은 마음을 갖게 되면 좋은 행동을 하게 되고, 좋은 행동을 하게 되면 우리의 인생이 행복해집니다. 항상 밝고 맑고 깨끗하고 아름다운 말을 하도록 노력하십시오. 이 세상에서 가장 밝고 맑고 깨끗하고 아름다운 말이 바로 '옴'으로 시작하는 진언입니다.

우리의 인생이 소망대로 풀리지 않는 것은 과거의 업장이 우리의 앞길을 가로막고 있기 때문입니다. 업장을 녹여 소멸시켜 버려야 우리의 소망을 이루며 행복하게 살 수 있습니다. 우리의 잘못된 업장을 녹이는 아주 중요한 수행 중의 하나가 진언을 외우는 것입니다. 여러분, 다소곳이 불전 앞에 앉아 차분한 마음으로 《천수경》을 펴고 거기 나오는 진언들을 하나하나 독송해 보십시오. 여러분들의 모든 갈등과 분노가 삭으면서 마음이 편안해질 것입니다. 이 세상에서 가장 위대한 소리인 진언들이 우리의 귀를 울리고 우리의 마음을 맑히고 우리의 행동을 바르게 이끌어 줄 것입니다.

《천수경》은 마지막 후반부가 더욱 좋습니다. 저는 《천수경》의 이 마지막 후반부를 외울 때마다 마음속에서 우러나는 깊은 신심을 느낍니다. 《천수경》의 후반부는 불자로서 살아가야 할 길에 대한 서원을 세우는 곳이기 때문에 아주 비장한 아름다움마저 느껴지곤 합니다.

준제진언을 지니고 외움으로써 우리의 앞날을 간절하게 기원하는 게송을 말씀드리겠습니다.

아금지송대준제(我今持誦大准提)
즉발보리광대원(卽發菩提廣大願)

제가이제 준제주를 지송하오니
보리심을 발하오며 큰원세우고

원아정혜속원명(願我定慧速圓明)
원아공덕개성취(願我功德皆成就)
원아승복변장엄(願我勝福遍莊嚴)
원공중생성불도(願共衆生成佛道)

선정지혜 어서속히 밝아지오며
모든공덕 남김없이 성취하옵고
수승한복 두루두루 장엄하오며
모든중생 깨달음을 이뤄지이다.

　　말씀드린 대로 준제진언은 준제보살의 진언이고 준제보살은 관세
음보살입니다. 우리는 이제 이 준제보살님을 부르는 진언을 외워 지
니고 큰 원을 세웠으니 그 공덕이 적지 않습니다. 우리들은 그 공덕
을 모든 중생들에게 회향하여 돌리는 것입니다. 온 세상의 중생들
이 함께 성불하자는 것입니다. 우리는 자칫 잘못하면 나 혼자만 행
복하겠다고 생각하기 쉽습니다. 그러나 사바세계에서 자기 혼자만

행복할 수는 없습니다. 온 세상에 불행한 사람이 가득한데 어떻게 자기 혼자만 행복할 수 있겠습니까? 온 세상에 강도와 사기꾼과 도둑과 거지가 우글거리는데 자기 혼자만 행복할 수는 없습니다. 한 회사가 부도나면 그 회사와 금전 거래가 있는 다른 회사들이 연속으로 부도가 나는 것입니다. 온 세상 사람들을 불행하게 두고 혼자만 행복할 수는 없는 법입니다. 그래서 우리는 조금이라도 우리가 지은 공덕이 있다면 그것을 온 세상으로 회향해서 함께 나누어야 하는 것입니다.

그러니 《천수경》을 외우고 준제진언을 외우는 사람은 엄청나게 큰 원을 세우는 것입니다. 그래서 《천수경》이 좋은 경전입니다. 《천수경》을 외우면 그 뜻을 모르더라도 이렇게 위대한 원을 세우고 큰 공덕을 쌓으며 그것을 온 세상에 회향하기까지 하는 것입니다.

모든 불자들의 목적은 자신이 부처를 이루는 성불입니다. 그러나 자신의 성불만으로 끝나면 안 됩니다. 그것을 소위 소승이라고 하는 것입니다. 대승이 되자면 자신의 성불뿐만 아니라 온 세상의 모든 중생들이 다 같이 함께 성불해야 합니다. 자타일시성불도, 즉 나와 남이 다 같이 함께 성불해야 합니다. 온 세상 사람들이 모두 함께 성불해서 사는 세상, 즉 불국토의 완성이 우리 불자들의 궁극적 목적인 것입니다.

다음은 부처님의 열 가지 큰 서원, 여래십대발원문(如來十大發願文)입니다. 여래십대발원문은 여래의 발원문입니다. 이것은 전통적으로 두 가지로 해석되어 왔습니다. 하나는 여래가 되려고 하는 사람들이 세우는 발원문이라는 뜻이고, 또 하나는 여래가 모든 중생들을 제도하시기 위한 발원문이라는 뜻입니다. 둘 다 가능하다고 봅니다. 다만 우리가 《천수경》을 읽고 그 뜻대로 따라 실천하면서 살아야 한다는 입장에서 본다면 전자가 더 합당하다고 할 수 있겠습니다. 이런 순간에도 알 수 있듯이, 《천수경》이 한문으로 되어 있어 읽는 바로 그 순간, 가슴 깊이 파고들지 못하는 아쉬움이 있습니다. 그러나 우리가 이처럼 우리말로 해석해 보고 나면, 그 의미가 얼마나 심중한 것인가를 분명하게 알 수 있습니다. 그러니 이렇게 《천수경》을 해석하는 법문 시간을 소중히 아시고 그 내용을 마음속에 깊이 새겨 두시기 바랍니다.

여래십대발원문(如來十大發願文) : 부처님께 발하는 열 가지 원

원아영리삼악도(願我永離三惡道)

원아속단탐진치(願我速斷貪瞋癡)

원아상문불법승(願我常聞佛法僧)

원아근수계정혜(願我勤修戒定慧)

원아항수제불학(願我恒修諸佛學)

원아불퇴보리심(願我不退菩提心)

원아결정생안양(願我決定生安養)

원아속견아미타(願我速見阿彌陀)

원아분신변진찰(願我分身遍塵刹)

원아광도제중생(願我廣度諸衆生)

원하오니 삼악도를 길이여의고

탐진치 삼독심을 속히끊으며

불법승 삼보이름 항상듣고서

계정혜 삼학도를 힘써닦아서

부처님을 따라서 항상배우고

원컨대 보리심에 항상머물며

결정코 극락세계 가서태어나

아미타 부처님을 친견하옵고

온세계 모든국토 몸을 나투어

모든중생 빠짐없이 건져지이다

축생, 아귀, 지옥은 삼악도입니다. 삼악도는 탐·진·치에 얽매여 사는 사람들이 가는 세상입니다. 삼악도를 면하려면 삼독심을 버리고, 공덕을 쌓는 삶을 살아야 합니다. 우리가 베풀며 살면 베푼 만큼 내 마음이 열립니다. 그러면 우리의 몸은 내 마음이 열린 만큼 건강해집니다. 우리가 쌓은 공덕장엄만큼 신중님들이 옹호해 주시고, 우리의 몸과 마음이 건강한 만큼 우리가 소원하는 바가 이루어지는 것입니다. 이 우주에 우연이란 결코 없습니다. 진정 우리는 마음 가운데 탐내고 성내고 어리석은 삼독심을 버려야만 합니다. 대신에 공덕을 쌓고 기도하는 삶을 살아야 합니다. 삶을 살아가면서 끊임없이 6바라밀행을 닦고 기도를 하고 살면, 모든 것이 서서히 마음먹은 대로 전개되어 가는 것을 알 수 있습니다. '그렇구나! 모든 것이 베푸는 것만큼, 기도하는 만큼 되는구나. 모든 것이 그렇게 되게 되어 있구나'라는 것을 느끼게 됩니다.

부처님은 어디 먼 곳에 계시는 분이 아닙니다. 부처님은 우리 마음 가운데 계십니다. 부처님의 가르침은 자신의 마음속에 있는 부처를 발견하여 부처의 마음으로 살아가라는 가르침입니다. 마음속에 계시는 부처님을 발견하지 못하고 탐진치의 삼독심으로 살아가는 사람은 지옥, 아귀, 축생의 삶을 살게 됩니다. 우리는 '한 소식', 기쁜 소식을 들어야 합니다. 우리의 마음속에 부처님이 계신다는 소식 말입니다. 석가모니 부처님께서 처음으로 보내 주신 이 소식을 듣는 사람은 행복한 사람입니다.

여래십대발원문은 첫 구절부터 이렇게 심오한 가르침을 담고 있습니다. 어떤 사람들은 《천수경》을 수준이 낮은 사람들이나 외우는 경전이라고 깔보기도 합니다만, 참으로 어리석은 사람들입니다. 제가 보기에는 《천수경》처럼 우리들의 일상생활에 밀접한 가르침을 담고 있으면서도 심오한 경전은 없습니다.

불법승을 항상 듣기를 원한다고 하여 듣는 것만을 말했지만, 《천수경》을 신행하며 사는 길은 3단계라고 할 수 있습니다. 이를 전통적으로는 문(聞)·사(思)·수(修)라고 했습니다. 이는 "먼저 법문을 잘 듣고, 깊이 생각해 깨우쳐서, 철저하게 실천한다."는 뜻입니다. 《천수경》을 신행하려면 《천수경》에 관한 가르침을 들어야 합니다. 그런 다음에는 그것을 마음속 깊이 생각해서 스스로 그 뜻을 새겨야 합니다. 그저 건성건성 듣고 술술 흘려 버리면 아무런 소용이 없습니다. 아무리 법문을 많이 들어도 그것을 자신이 깊이 생각해서 자기 것으로 만들지 못하면 소용이 없는 것입니다. 또 아무리 많이 듣고 많이 생각해도 실천하지 않으면 소용이 없지요. 절에 아주 오랫동안 다니신 분들에게 "무슨 종교를 믿으세요?" 하고 물으면 자신 있게 대답을 잘 못합니다. 이는 오래 다니면서 들은 것이 많아도 깊이 생각해서 자신의 것으로 만들지 못했기 때문입니다. 즉 사(思)가 부족한 탓이지요. 실천인 수(修)는 말할 필요도 없지요. 자기 나름대로의 불교관이 서 있질 못한 사람은 행동도 불분명하고 애매모호합니다. 절에 오래 다녀도 남들이 하는 대로 흉내나 내면서 엉터리로 복이나 빌러 다닌 것입니다. 그런 분들을 위해서 한두 번 하고 마는 법문이 아니라 이렇게 줄거리를 가지고 꾸준하게 계속되는 법문을 하는 것입니다. 그래야 누가 물으면 한 마디라도 일러 주는 공덕을 지을 것 아닙니까?

불교는 듣고 믿고 끝내는 종교가 아닙니다. 철저하게 실천하는 종교입니다. 불교가 타종교와 다른 점이 여기에 있습니다. 《천수경》의 가르침을 실천하는 것은 계율과 선정과 지혜를 실천하는 것입니다. 불교에서 가장 중요시하는 실천은 계(戒)·정(定)·혜(慧) 삼학(三學)입니다. 우선 첫째, 계(戒)를 지키는 실천을 통해 마음의 안정과 평화를 얻는 선정을 얻을 수 있고 선정을 통해 지혜의 눈이 열립니다. 계를 지키는 마음이 아니고서는 결코 마음의 평정을 얻을 수 없습니다. 마음의 평정은 자신감에서 오는 것입니다. 계를 지키는 마음은 자기와의 싸움에서 이기는 마음입니다. 그 마음 가운데 강한 힘이 배양됩니다. 어떠한 충격에도 흔들림이 없는 경계가 열립니다. 이른바 정(定)의 경계라 하겠습니다. 혜(慧)는 무명을 깨뜨리고 부처님의 진리를 깨닫는 경계를 의미합니다. 지혜는 모든 어둠을 걷어내고 우리들을 광명의 세계로 인도합니다. 계·정·혜 삼학은 불교의 모든 실천을 포함하고 있습니다. 이 세 가지가 서로 조화를 이룰 때 부처님이 되는 것입니다.

우리 불자들은 자신들이 불교를 믿고 부처님을 믿는다 하면서 부처님을 잊고 사는 경우가 대부분입니다. 그저 한 달에 한 번, 일 년에 한 번 절에 나올 때만 부처님을 생각합니다. 단 한순간도 부처님을 잊어서는 참된 불자라 할 수 없습니다. 절에 와서 법당 안의 부처님 앞에서만 부처님을 생각하는 것이 아니라, 일상생활의 모든 순간순간에 늘 부처님을 잊지 않아야 합니다. 불자들은 물론, 스님들도 참으로 부처님 말씀을 생활화하고 있는 사람을 만나기 힘듭니다. 우리가 늘 부처님을 잊지 않고 살 수만 있다면 인생은 행복으로 가득 차 넘칠 것입니다. 진정 우리 모든 불자들은 부처님을 마음 가운데 놓치지 않고 부처님의 가르침을 따르는 참 불자의 길을 걸어가야만 합니다. 그 길 가운데 영원한 행복의 길, 성불의 길이 열려 옵니다.

부처님께서 억겁을 두고 닦아 오시면서 물러남이 없는 마음을 견지하셨기에 결국 부처님이 되셨습니다. 부처님께서는 항상 "물러남이 없는 마음으로 나아가라."고 하셨습니다. "가시밭길이 있으리라. 아픔과 쓰라림의 고비도 있으리라. 그러나 결코 굴하지 말고 앞으로 나아가라."고 말씀하셨습니다. 《화엄경》에서도 수행자들이 갖춰야 할 기본 덕목으로 불퇴전(不退轉)의 경계, 물러남이 없는 경계를 참으로 중요시하였습니다. 작은 고통은 작은 즐거움을 가져오고, 큰 고통은 큰 즐거움을 가져오는 법입니다. 다만 물러남이 없는 마음으로 나아가면 고통은 모두 즐거움과 낙으로 변하는 법입니다. 성불의 의지를 돈독히 세우고, 보리도를 증득하려는 마음을 결코 포기하지 않는 가운데 부처님의 세계는 열려 옵니다. 보리심이란 문자 그대로 깨달음의 마음이요, 성불의 마음입니다.

끊임없이 갈고 닦아 나가는 불퇴전의 수행은 결국 영원한 안락의 세계를 약속합니다. 무한한 즐거움의 세계를 열반의 세계라 부릅니다. 모든 고통과 번뇌가 녹아진 자리는 진실로 무한한 즐거움의 자리이고 열반의 경계입니다. 불퇴전의 마음으로 앞으로 앞으로 나아가면 결국 그와 같은 경계에 나아갑니다. 안양(安養)이란 말은 극락국토의 다른 이름입니다. 경기도의 안양시는 불교의 극락이라는 말에서 생긴 지명입니다. 우리가 극락세계에 나아가려면 우리의 마음이 극락이 되지 않으면 안 됩니다. 우리가 지극한 수행을 하는 이유는 마음 가운데 무한 번뇌와 고통을 녹여 내려 마음에 한없는 복락의 세계를 열어 가기 위해서입니다. 수행을 거듭하면 할수록, 번뇌를 극복하면 할수록, 우리들 마음속에 한없는 평화와 안락의 경계가 열리게 됩니다. 마음이 극락이 되지 않으면 극락에 갈 수 없듯이, 우리의 마음을 극락으로 만들어 가는 비결은 한없는 수행입니다. 불퇴전의 마음으로 끊임없는 수행을 계속하면 반드시 극락에

나게 될 것입니다. 극락에 나는 것을 불교에서는 참으로 중요한 수행의 과보로 받아들입니다. 극락에 나게 될 경우 부처를 보장받게 된다는 가르침이 경전에 나옵니다. 극락에서는 언제나 부처님께서 직접 법문을 해 주시기 때문에 그 법문을 듣고 성불하지 못하는 사람이 없다고 합니다.

극락세계에 나서 아미타부처님을 만난다는 것은 참으로 무량한 복덕이라 하지 않을 수 없습니다. 우리가 이 땅에 살면서도 부처님 법 만나기가 대단히 어렵다고 하는데, 부처님 시대에 태어나 부처님께 직접 법문을 듣는다는 것은 그 자체로 무량복덕입니다. 부처님을 만난다는 것은 진실로 쉬운 일이 아닙니다. 그만한 복이 있어야 되는 것입니다. 우리가 흔히 쪽집게 선생님이라 부르는 선생님들을 만나자면 많은 액수의 강의료를 드려야만 하듯이, 훌륭한 스승을 만나려면 그만한 공덕을 지어야만 하는 것입니다. 아미타부처님을 만나면 우리는 성불의 대도를 완성할 수 있습니다. 부처님을 만나기 위해서는 많은 수행의 단계를 거치고 그를 통과해야만 되는 것입니다.

그리고 그 극락에서 영원히 사는 것이 아닙니다. 극락세계에서 성불해서 부처가 된 다음에는 아미타부처님의 분신이 되어 이 세상에 다시 오는 것입니다. 그것이 바로 보살의 삶입니다. 자기만 성불해서 부처가 되고 끝내는 것이 아니라 이 세상을 모두 불국토로 만들기 위해서 보살의 몸으로 다시 오는 것을 말합니다.

그리하여 온 세상의 불쌍한 중생들을 남김없이 제도하는 것입니다. 이러한 참 보살들이 이 땅 이 시대에 절실히 필요합니다. 21세기의 이 땅 이 시대는 어렵고 힘겨운 시대입니다. 사람들의 마음은 물질만능주의와 배금주의에 물들어 있고, 애욕과 관능의 포로가 되어 헤어날 줄을 모릅니다. 이 시대 이 땅 위에 부처님의 말씀을 펼쳐야만 합니다. 그래서 병든 사람들의 마음을 치료해 주어야 합니다. 그러한 사람들의 병든 마음을 고치고 치료해 주는 것이 이 시대를 사는 우리 불자들의 책임이요, 사명입니다. 이는 부처님의 원대한 뜻이요, 우리 불자들 모두의 삶의 지표이어야만 합니다. 진리에 미혹하고 깊은 어둠 속에 고통을 받고 있는 사람들을 제도하는 데 몸과 마음을 다하는 일이 우리 불자들에게 주어진 거대한 과제입니다. 이것이 여래십대발원문의 마지막 결론입니다.

9. 총원(總願) : 우리들의 궁극적 맹세

《천수경》의 마지막 후반부에서는 어느 곳보다도 종교적 정취가 흠씬 풍깁니다. 《천수경》의 후반부는 불자로서 살아가야 할 길에 대한 서원을 세우는 곳이기 때문에 우리의 세속적 마음과 다른 종교적 정서가 아주 잘 드러나고 있습니다.

다음은 발사홍서원, 즉 네 가지 큰 서원을 세우는 것에 대해서 말씀드리기로 하겠습니다.

발사홍서원(發四弘誓願) : 네 가지 큰 서원

중생무변서원도(衆生無遍誓願度)

번뇌무진서원단(煩惱無盡誓願斷)

법문무량서원학(法門無量誓願學)

불도무상서원성(佛度無上誓願成)

가없는 중생을 건지오리다

끊없는 번뇌를 끊으오리다

한없는 법문을 배우오리다

위없는 불도를 이루오리다

자성중생서원도(自性衆生誓願度)

자성번뇌서원단(自性煩惱誓願斷)

자성법문서원학(自性法門誓願學)

자성불도서원성(自性佛道誓願成)

자성의 중생을 건지오리다

자성의 번뇌를 끊으오리다

자성의 법문을 배우오리다

자성의 불도를 이루오리다

'가없는 중생을 다 건지오리다〔衆生無遍誓願度〕'라는 말은 가없는
중생들, 즉 인간 세상에 살아가는 사람들뿐만 아니라 온 우주의 육

도에 윤회하는 모든 중생들을 하나도 남김없이 다 제도하겠다는 서원입니다. 내가 만나는 모든 사람들, 그들 모두에게 나의 온 힘을 다하여 부처님 전에 공양하듯 베풀어 주고, 내가 배운 모든 것을 그들에게 전해 주어 끝없는 중생들을 남김없이 모두 제도하기를 서원하는 것입니다.

우리는 대승의 불자입니다. 대승의 불자는 자기 자신의 행복보다도 세상의 중생들이 행복하도록 자신을 헌신하는 삶을 살아야 합니다. 이것이 대승입니다. 대승의 보살은 자신의 성불을 뒤로 미루더라도 남의 성불을 먼저 위하는 이타(利他)의 삶을 삽니다. 대승의 불자들은 모두 스스로가 보살이 되어 보살의 마음으로 보살의 행을 실천해야 합니다. 보살은 온 세상의 모든 중생들이 하나도 남김없이 다 성불하기 전까지는 결코 성불하지 않고 열반에 들지 않습니다. 우리는 《천수경》을 외울 때마다 사홍서원을 통해 이러한 서원을 합니다. 그리고 그 사홍서원 중에서도 이러한 서원을 가장 먼저 하게 되는 것입니다. 그러니 《천수경》이 얼마나 대승의 보살정신을 잘 대변하는 경전인지 알 수 있는 것입니다.

'끝없는 번뇌를 다 끊으오리다(煩惱無盡誓願斷)'라는 말은 우리의 번뇌가 끝이 없지만 남김없이 모두 끊겠다는 서원입니다. 우리들의 몸과 마음을 번거롭게 하고 괴롭히고 어지럽히고 미혹시키는 모든 정신작용을 번뇌라 부릅니다. 중생은 번뇌에 의해 업을 일으키고 괴로움의 과보를 받아 생사의 세계를 헤맵니다. 불교는 번뇌를 끊고 열반의 깨달음을 얻는 것을 목적으로 삼습니다. 번뇌를 설명하는 데는 많은 구별이 있습니다만, 주로 탐진치 3독 번뇌를 비롯해서 108번뇌 혹은 8만4천 번뇌를 말하기도 합니다. 번뇌는 진리에 대한 무지, 즉 무명(無明)에서 옵니다. 무명에서 시작한 번뇌는 수만 가지의 가지각색의 번뇌를 낳습니다. 쉽게 말하자면, 번뇌는 마음의 때와 같은 것으로 흡사 거울에 때가 묻은 것과 같다고 했습니다. 그러나 거울의 때를 깨끗하게 닦으면 본래의 맑음이 회복됩니다. 우리 마음의 번뇌도 이와 같습니다. 번뇌가 다하게 되면 그 자리가 바로 부처님의 자리인 것입니다. 우리는 한없는 무진번뇌가 있더라도, 맹세코 남김없이 다 끊어 내겠다는 서원 속에 불자의 수행생활을 열어가야 하는 것입니다.

'한없는 법문을 다 배우오리다(法門無量誓願學)'는 부처님의 가르침이 한없이 깊고 많지만 남김없이 모두 다 배우겠다는 서원입니다. 부처님의 가르침을 배우는 것은 쉽지 않습니다. 그분의 가르침은 평범한 지식을 가르치는 것이 아니기 때문입니다. 그래서 부처님의 가르침은 그냥 가르침이라고 하지 않고 법문(法門)이라고 하는 것입니다. 법문이란 진리로 들어가는 문이라는 뜻입니다. 부처님의 가르침은 우리를 인도하여 진리로 들어가도록 해 주는 문입니다. 법(法)이란 부처님의 가르침을 의미하고, 불법(佛法)·교법(敎法)·정법(正法) 등으로 부릅니다. 무릇 진리라 하는 것은 불변의 보편적 도리이므로 법이라 부릅니다. 법은 진리입니다. 진리의 세계는 광명의 세계이기에 진리를 따르는 자, 법을 따르는 자는 한없는 광명의 세계를 열어갑니다. 즉 불법을 공부하고 터득하여 얻는 기쁨을 법락(法樂), 법희

(法喜), 법열(法悅)이라고 합니다. 이 모두가 진리를 터득하는 데서 오는 기쁨인 것입니다.

진실로 세상의 모든 것은 잠깐이요, 번개나 아침 이슬처럼 무상한 것이지만, 부처님 법은 영원이며, 영겁의 보배 그 자체입니다. 부처님 법으로 중생은 대해탈을 성취하며, 이 세계는 부처님 법으로 불국토로 승화됩니다. 법은 태양과 같습니다. 법이 사라진 곳엔 어둠만이 가득할 뿐입니다. 부처님 법은 진실로 진리의 태양입니다.

무량한 법문을 한도 끝도 없이 공부해야만 합니다. 법문이 무량하더라도 한도 끝도 없이 공부하기를 서원해야만 합니다. 그러기에 우리들은 모든 선지식들과 큰스님들께 설법하여 주시기를 간청해야만 합니다. 이 땅의 모든 불행과 악과 재난을 쓸어버리는 것은 오직 부처님의 법문뿐입니다. 우리들은 항상 법문 듣기를 서원하고 설법하여 주시기를 간청해야만 합니다.

'위없는 불도를 다 이루오리다〔佛道無上誓願成〕'는 불도가 드높지만 모두 다 이루겠다는 서원입니다. 이 세상에는 행복으로 가는 여러 가지 길〔道〕이 있습니다. 많고 많은 종교와 가르침들이 저마다 행복으로 가는 길을 가르치고 있습니다. 그러나 많은 가르침들이 이 땅에 존재함은 많은 사람들로 하여금 갈피를 잡기 어렵게 만듭니다. 물론 목적지로 가는 길이 한 길만 있는 것은 아닙니다. 그러나 그 많고 많은 길〔道〕 가운데 불도(佛道)를 위없는 도(道)라 하는 이유가 있습니다. 부처님이 됨으로써 행복해지는 길은 행복으로 가는 모든 길 중에서 가장 수승하고 완벽한 길이기 때문입니다.

우리의 마음 가운데 부처님이 항상 함께 계시고 우리가 곧 부처님이라는 가르침은 참으로 장엄한 가르침이요, 위없는 가르침이라 아니할 수 없습니다. 우리는 이와 같은 위없는 불도를 성취할 것을 서원해야만 합니다. 불도를 닦는다는 것, 불도를 이룬다는 것은 바로 이와 같이 번뇌를 녹여 내리고 스스로 부처가 되는 작업입니다. 참으로 성스럽고 지고(至高)한 값어치를 지닌 숭고한 작업입니다. 우리 모두 이와 같은 위없는 불도를 성취하겠노라는 굳센 서원을 다짐해야만 합니다.

　　번뇌의 잡초를 제거하고 길을 닦으면 그 길을 따라 쉽게 앞으로 나아갈 수 있습니다. 그러나 우리가 일생 동안 길을 닦아 나가다 멈추어 버리면 다음 생에는 그 길의 처음에서 다시 시작해야만 합니다. 그래서 잠시도 물러나지 않는 마음으로 나아가야만 합니다. 불도만이 위없는 도이며 가장 완전한 도임을 믿고 깨달아 쉼 없이 그 길로 나아가 결국 행복한 그곳에 도달해야 합니다. 그러기 위해 우리는 굳은 서원이 필요한 것입니다.

　　그런데 우리가 제도하려는 중생, 우리가 끊으려는 번뇌, 우리가 배우려는 법문, 우리가 이루려는 불도가 다 우리의 마음속에 있습니다. 그런 것들이 밖에 있는 것이 아니라 바로 우리의 마음속에 있는 것입니다. 그래서 우리는 이렇게 서원합니다. "내 마음의 중생을 다 건지오리다. 내 마음의 번뇌를 다 끊으오리다. 내 마음의 법문을 다 배우오리다. 내 마음의 불도를 다 이루오리다."

　　불교는 결국 마음공부입니다. 행복하고자 한다면 마음을 알아야 하고(知心), 마음을 깨달아야 하며(覺心) 마음을 바로 써야(用心) 합니다. 불교는 마음을 다스리는 법, 자신의 마음을 바로 쓰는 법을 배우는 것입니다. 그래서 부처님께서는 《법구경》에서 "백만대군을 이긴 사람보다 자기 자신을 이긴 사람이 가장 위대한 승리자다."라고 말씀하셨습니다. 그렇습니다. 남과 싸워 이기는 것보다 자기 자신과의 싸움이 가장 어렵습니다.

자신의 마음을 자기 뜻대로 제어할 수 있다면 그는 대단한 경지에 오른 자입니다. 그런 사람은 더 이상 불행이 없습니다. 모든 행복과 불행은 자신의 마음에서 비롯되는 것입니다. 그래서 원효 스님도 "일체의 모든 것을 오로지 마음이 만든다(一切唯心造)."고 했던 것입니다. 모든 것은 우리의 마음에 달려 있는 것이므로 우리의 마음을 얼마나 잘 터득하고 제어하느냐에 우리의 행복이 달려 있습니다.

발원이귀명례삼보(發願已歸命禮三寶)

제가 이제 삼보님께 귀명합니다.

이제 서원을 다 세웠습니다. 우리는 중생들이 아무리 끝없더라도 끝까지 제도하고, 번뇌가 아무리 많더라도 끝까지 끊어 버리고, 법문이 아무리 깊고 넓더라도 끝끝내 다 배우고, 불도가 아무리 높더라도 다 배우고야 말겠다고 서원을 세웠습니다. 그리고 그런 것들이 다 우리의 자성 속에 있음을 깨닫고 그것을 끊고자 서원을 세웠습니다.

　그리고 이제 마지막으로 우리 불자들은 믿음의 뿌리요 의지처인 삼보에 귀의합니다. 불자들이 삼보에 귀의하는 것은 그저 보통 귀의와는 다릅니다. 삼보에 귀의하되 목숨을 바쳐서 귀의하는 것입니다. 우리들이 진정으로 목숨을 바쳐서 삼보에 의지하고 생활한다면 못이룰 일이 없을 것입니다. 모든 일이 저절로 풀리고 결국은 행복한 삶을 살 수 있을 것입니다. 이렇게 삼보에 목숨을 바쳐 귀의하는 것으로 《천수경》은 마무리됩니다.

　　나무상주시방불(南無常住十方佛)
　　나무상주시방법(南無常住十方法)
　　나무상주시방승(南無常住十方僧)

　　시방세계 부처님께 귀명합니다.
　　시방세계 가르침에 귀명합니다.
　　시방세계 스님들께 귀명합니다. (3번)

　나무(南無)의 뜻은 목숨을 바쳐 의지하겠다는 의미입니다. 상주(常住)의 뜻은 항상 함께 계신다는 의미입니다. 시방(十方)의 뜻은 언제 어디에서나의 의미입니다. 부처님은 언제 어디에서건 항상 우리와 함께 계십니다.

《천수경》의 궁극적 의미

우리는 이제 《천수경》을 마무리하는 시점에서 다시 한 번 《천수경》 전체의 의미를 되새겨야 할 것입니다.

《천수경》은 '천수천안 관자재보살 광대원만 무애대비심 대다라니경(千手千眼 觀自在菩薩 廣大圓滿 無碍大悲心 大陀羅尼經)'의 약칭입니다. 경의 이름에서 느낄 수 있는 바와 같이 《천수경》은 관세음보살님의 무량무변한 대비심과 위신력을 펼쳐 보이시는 가운데 부처님 세계의 거룩하고 장엄함을 함께 공부하고 깨달을 수 있는 경입니다. 또한 《천수경》은 관자재보살(관세음보살의 별호)의 무애대비심을 펼쳐 보인 경입니다. 관세음보살은 걸림 없는 대자비심을 가지고 우리 중생들을 제도하시는 분입니다. 그러니 우리가 《천수경》을 믿고 이해하고 따라 실천하게 되면 관세음보살님의 가피를 입어 원하는 모든 것들을 이룰 수가 있습니다. 《천수경》은 그토록 훌륭하고 위대한 경전입니다.

《천수경》은 그저 독송하기만 해도 무량한 공덕이 있습니다. 그러나 《천수경》을 올바로 이해하고 독송하면 더욱 큰 공덕이 있습니다. 더구나 우리가 《천수경》의 가르침대로 따라 실천하며 산다면 그 이상 큰 공덕이 없을 것입니다. 그 공덕은 다름 아닌 나와 온 세상을 행복의 세계로 인도하는 그런 공덕일 것입니다.

관음묘지력(觀音妙智力)

능구세간고(能救世間苦)

구족신통력(具足神通力)

광수지방편(廣修智方便)

무찰불현신(無刹不現身)

관음보살의 오묘한 신통력은

능히 세상의 고통에서 구하시네.

신통력을 두루 갖추시고

지혜의 방편을 널리 닦아

이 세상 어디라도 나투시지 않는 데가 없네.

제 2 부

기 도 법

불교의
기도 정신

제5의 계절과 신 풍속도

우리나라는 봄, 여름, 가을, 겨울의 사계절이 아주 뚜렷하게 구분됩니다. 어떤 나라는 늘 여름뿐이고 또 어떤 나라는 늘 겨울뿐인 데 비하면 우리나라는 복 받은 곳입니다. 특히 가을철은 풍성한 수확의 계절이고, 기온이나 습도가 적절해서 모든 활동을 하기에 아주 적절한 계절입니다. 그런데 어떤 이들은 우스개 삼아 한국에는 사계절만 있는 것이 아니라 오계절이 있다고 합니다. 해마다 가을철의 끝에는 입시철이 있다는 겁니다.

이 입시철 때문에 새로운 풍속이 생겼습니다. 입시생들을 격려하고 고무하기 위해 선물을 주는데 그 선물 품목이 정말 가관입니다. 시험에 척척 잘 붙으라고 주는 엿이나 찹쌀떡은 이제 구시대의 선물 품목입니다. 정답을 콕콕 잘 찍으라고 포크를 주는가 하면, 문제를 잘 풀라고 휴지를 주고, 시험을 잘 보라고 거울을 주고, 맞고 틀린 답을 잘 집어내라고 젓가락을 준다고 합니다. 백화점들은 이제 이 모든 품목들을 한데 모아서 꾸러미로 만든 종합 선물 세트를 마련하여 진열했고, 몇만 원씩 하는 이 선물 세트가 불티나게 팔린다고 합니다.

뿐만 아니라 고3 학생들이나 수험생들이 소나타 스리(3)라는 승용차의 트렁크 뚜껑에 붙어 있는 로마 숫자 삼(Ⅲ)자를 보이는 대로 모조리 떼어 간다고 합니다. 이 로마 숫자 삼자를 떼어 가는 사람들은 이것을 지니고 있으면 수능시험 300점 이상을 딴다는 참 이상한 믿음을 가지고 있다고 합니다. 입시생들이 이 마크를 하도 많이 떼어 가자 현대자동차서비스 회사에서는 무상으로 이것을 수리해주기로 했다고 합니다.

이러한 비합리적이고 미신적인 새로운 풍속도를 보면서 도저히 이해할 수 없다는 생각이 들다가도, '오죽하면 그런 몸부림을 칠까' 하는 생각에 그런 풍속도를 따르는 사람들의 간절하고 절실한 심정만큼은 이해할 수 있을 것 같다는 생각도 듭니다.

그렇습니다. 이런 새로운 풍속도에서 나타나듯이 한국의 입시철은 그 어떤 계절보다도 절실한 계절입니다. 이 입시철만 되면 수험생을 둔 부모와 가족들은 정말 누가 시키지 않아도 간절하게 기도하는 마음이 됩니다. 사실 수험생들보다 수험생 부모가 더 간절한 마음이 되는 것 같습니다. 부모들은 그동안 수험생보다도 더한 마음고생을 해 왔습니다. 어디 마음고생뿐이겠습니까? 수험생보다 더 일찍 일어나서 도시락을 싸야 하고 수험생의 잠자리를 보살펴 준 후에는 기도하는 마음으로 더 늦게 잠자리에 듭니다. 수험생 자식을 위해서 온갖 수발을 다 들고 난 뒤에는 부디 시험을 잘 치러서 높은 점수를 따고 결국은 좋은 학교에 붙게 해 달라고 간절한 기도를 올리게 됩니다.

이 입시철은 절이든 교회든 기도하는 사람들이 가장 많이 찾고 자주 찾는 계절입니다. 사람들은 인간으로서 해야 할 일을 다 하고 난 뒤 이제 더 이상 인간의 노력으로 할 수 있는 것이 없다고 생각되면 기도를 할 수밖에 없습니다. 성취하고 싶은 것은 간절한데 이제 자신으로서는 더 이상 할 수 있는 일이 없다면 그때는 기도밖에 할 것이 없을 것입니다. 그래서 우리는 우리가 유교 신자든 아니든 상관없이 '진인사대천명(盡人事待天命)', 즉 인간으로서 할 일을 다 한 후에는 하늘의 명령을 기다릴 뿐"이라는 공자님의 말씀을 마음에 새길 수밖에 없는 것입니다. 그래서 입시철이 되면 불자들은 절로 몰려오고 기독자들은 교회로 몰려가서 간절한 기도를 하는 것입니다. 생전 절에 한 번도 데려 오지 않던 떠꺼머리 학생을 앞세워 부처님 앞에 와서 정성을 다한 기도를 합니다. 수험생 부모는 밤을 새워 목이 쉬도록 철야 정진을 하고, 무릎이 벗겨지도록 몇천 배를 올립니다. 또한 자신의 기도만으로는 안심이 되지 않아서인지 죄 없는 스님과 함께 밤을 새워 기도를 합니다. 스님들 역시 수험생이 좋은 성적을 올리도록 해 달라고 부처님 이름을 밤새 계속해서 끈질기게 불러댑니다. 입시철만 되면 눈에 띄는 이런 모습들을 보면서 이런 저런 생각들을 하게 됩니다.

부처님은 기도의 간청을 들어 주시는가?

이런 모습들을 보면 우선 가장 먼저 제 머리에 떠오르는 생각은 예전에 어떤 두 스님이 서로 언쟁에 가까운 토론을 하던 모습입니다. 이제는 이름을 대면 누구나 다 알 만한 연배 지긋한 큰스님들이 되셨습니다만, 그때는 열렬한 신심으로 수행에 전념하던 혈기왕성한 젊은 수행자들이었습니다.

논쟁의 내용인즉, 한 스님은 "간절히 기도하여 감응이 통하기만 하면 부처님께서 그 소원을 들어 준다."는 것이었고, 다른 한 스님은 "기도를 한다고 해서 부처님께서 소원을 들어 주는 것은 아니다. 소원의 성취는 오로지 자기 자신의 노력으로 이루는 것이다."라는 것이었습니다. 전자의 스님은 사람들이 종교를 믿는 것은 인간으로서 할 수 없는 것을 절대자이신 부처님께서 이루어 주기 때문에 믿는다는 것입니다. 모든 것이 사람의 차원에서 이루어진다면 종교를 믿을 필요가 없다는 것입니다. 중생이 할 수 없는 것을 부처님은 하실 수 있기 때문에 부처님을 믿고 따른다는 것입니다. 그리고 정말 확실한 것은 아주 많은 사람들이 부처님을 믿고 부처님께 기도를 올림으로써 소원을 성취했기 때문에 부처님께 기도를 올리면 소원이 이루어지는 것은 틀림없는 사실이라는 것입니다.

그러나 후자의 스님은 생각이 달랐습니다. 불교가 기독교나 다른 종교와 다른 점은 철저하게 자력종교라는 점이라는 것입니다. 만일 중생들은 기도를 올리고 부처님은 그 기도를 들어 주고 하는 식으로 믿는다면 불교가 생겨날 필요도 없었다는 것입니다. 그것은 부처님이 가르침을 처음 펼치던 당시의 상황을 보면 잘 알 수 있다는 것입니다.

우리는 어떻게, 어떤 마음가짐으로 기도를 해야 하는지를 분명하게 알아야 합니다. 그리고 그것은 오로지 부처님께 여쭤 봐야만 합니다. 물론 우리가 존경하는 스님들께도 신행생활의 지침을 받을 수 있겠지만, 우선은 부처님이 먼저입니다. 언제나 부처님께 먼저 묻고 거기서 해결이 나지 않는 나머지를 스님들께 물어야 합니다. 스님들의 말씀은 스님에 따라 각기 다를 수 있기 때문입니다. 때로는 스님의 말씀이 부처님의 말씀과 다른 경우도 허다합니다. 이런 경우 우리는 먼저 부처님의 말씀에 의지해야만 합니다. 그렇다면 부처님이 계시지 않는 이 마당에 어떻게 부처님께 여쭐 수 있겠습니까? 부처님의 말씀은 언제나 경전 속에서 우리들을 기다리고 있습니다. 경전을 열면 부처님의 가르침이 항상 우리를 기다리고 있습니다. 그럼 이제 부처님의 말씀을 좇아 기도의 의미와 기도하는 법을 다 같이 생각해 봅시다.

기도를 바치고 소원을 비는 종교들

부처님이 한 사람의 신흥종교 운동가로서 활동을 시작했을 때

인도에는 이미 굉장히 강력한 기성종교가 있었습니다. 당시의 기성종교는 지금 우리들이 힌두교라고 부르는 바라문교였습니다. 바라문교는 어떤 종교입니까? 또 바라문이란 어떤 뜻이며, 무엇을 주로 하는 사람들입니까? 바라문교란 한마디로 수많은 신들에게 제사를 지내는 종교, 더 구체적으로는 신들에게 기도를 올리고 소원을 비는 종교입니다. 바라문들이란 제사를 집전하고 기도를 대신 해 주는 사람들입니다. 바라문교는 한마디로 기도로써 신의 은총을 바라는 종교입니다.

그런데 부처님은 이 종교를 믿지 않고 부정하셨습니다. 부처님께서는 무엇을 간절히 간구해서 얻어질 수 있다면 그것은 도덕적 원칙에 위배된다고 생각하셨습니다. 만일 어떤 사람은 아주 착하게 살고 성실하게 사는데 그는 기도를 하지 않기 때문에 자신이 바라는 바를 이루지도 못하고 자신이 성실하게 사는 대가도 받을 수 없으며, 반대로 어떤 사람은 부도덕하게 살거나 악랄하게 사는데도 간절하게 소원을 빌고 기도를 했다고 해서 바라는 바를 성취한다면 이것처럼 부조리한 것은 없습니다. 바라문교는 그 사람이 어떻게 행동하고 어떻게 사느냐를 묻지 않고, 얼마나 신을 열심히 믿는지, 얼마나 기도를 열심히 바치는지, 또는 얼마나 많은 헌금을 바라문들에게 내는지를 묻고, 그것으로 소원의 성취 여부가 갈린다고 믿습니다. 심지어 요즈음에도 어떤 종교는 사람이 평소에 착하고 도덕적으로 사느냐 마느냐가 구원의 조건이 아니라, 그 종교를 믿느냐 안 믿느냐가 구원의 조건이라고 가르칩니다. 정말 어처구니가 없는 가르침입니다.

행동한 대로 거둔다는 부처님의 가르침

부처님께서는 단호하게 이러한 가르침을 부정하셨습니다. 대신에 부처님께서는 자신이 행동한 대로 받는다고 가르치셨습니다. 한마디로 '콩 심은 데 콩 나고 팥 심은 데 팥 난다'는 가르침입니다. 선한 행동을 하면 선한 과보가 오고 악한 행동을 하면 악한 과보가온다는 것이 부처님께서 가르쳐 주신 진리입니다. 이런 의미에서 부처님의 가르침은 아주 냉혹하리만치 에누리가 없는 가르침입니다. 우리가 콩을 심어 놓고 벼가 열리도록 아무리 기도해도 벼는 열리지 않는다는 것을 잘 알고 있습니다. 마찬가지로 공부를 게을리 하고서 좋은 성적이 나오도록 해 달라고 아무리 빌어도 좋은 성적은 결코 얻을 수 없다는 것을 알아야 합니다. 그런데도 어떤 사람들은 자신이 공부한 만큼 거두려고 하지 않고 그 이상을 거두게 해 달라고 빌고 조르는 사람들이 있습니다. 500원짜리 복권을 사고 1억 원짜리 당첨금을 바라는 사람들은 요행을 바라는 사람들과 같습니다. 부처님은 결코 그런 것을 믿지 말라고 하셨습니다.

부처님께서 직접 말씀으로 가르쳐 주신 육성의 법문에 가장 가까운 팔리어나 산스크리트어로 된 어떠한 경전에도 기도로써 소원을 성취하라는 가르침은 없습니다. 너희들이 나에게 간절히 기도하면 나는 너희를 어여삐 여겨 너희의 소원을 들어 주겠노라고 하는 가르침은 아무리 눈을 씻고 찾아보아도 찾을 수 없습니다. 부처님의 가르침은 오로지 얻고 싶은 것이 있다면 그것만큼 노력하고 기다리라는 것입니다. 노력하지 않은 사람에게 결과가 찾아오는 법도 없지만 노력한 사람에게 결과가 찾아오지 않는 법도 없다고 하셨습니다.

제가 이렇게 말씀드리니까 "착하게 살아도 선한 과보를 받지 못하고 악하게 살아도 악한 과보를 받지 않는 사람이 있는데, 이것은 어찌된 영문입니까?"라고 묻는 사람이 있습니다. 부처님의 육성에 가장 가까운 가르침인 《법구경》에 이런 말씀이 있습니다. "착한 행위에 선한 과보가 따르지 않는 것은 아직 선의 열매가 익지 않았기 때문이고, 악한 행위에 악한 과보가 따르지 않는 것은 아직 악의 열매가 익지 않았기 때문이다. 선한 행위든 악한 행위든 그곳에는 반드시 과보가 따른다."

자신의 행위는 자신만이 받는다는 가르침

어떤 사람들은 남이 자신의 기도를 해줄 수 있다고 믿는 사람들이 있습니다. 이런 사람들에 비하면 자신의 기도는 자신이 해야 한다고 믿는 사람들은 그래도 낫습니다. 어떤 사람들은 자신의 기도를 스님에게 맡기고 다른 도반들에게 맡깁니다. 절에 가는 다른 도반한테 기도금을 맡기고 그것으로 소원성취를 기다리고, 스님에게 전화를 걸어서 기도를 부탁한다고 하고서 소원성취를 기다립니다. 때로는 자기가 기도하는 것보다는 스님이 기도를 해 주어야만 된다고 생각하는 사람들마저 있습니다. 그래서 자신이 기도를 하기보다는 스님이 이름을 부르고 주소를 불러서 축원문을 읽어 주어야만 마음을 놓습니다. 어떤 보살님은 기도시간 내내 스님이 자기 식구들 이름 부르기만을 기다리다가 이름이 나오면 할 일이 모두 끝난 것으로 알거나, 만일 스님이 자기 이름을 안 불렀다고 생각하면 난리 법석을 피우고 기도가 안 된 것으로 여깁니다. 그래서 어떤 스님은 기도를 잘 해 주는 영험 있는 스님이고 어떤 스님은 기도를 할 줄 모르는 영험 없는 스님이라는 평가를 내리기도 합니다. 또는 어떤 곳은 기도발이 잘 받는 곳이 따로 있다고 생각하기도 하고, 또 종 불사에 시주를 하면 종에 자기 이름을 새겨야 종을 칠 때마다 그 이름이 종소리로 울려 퍼지고 그래야 좋은 것이라고 생각을 합니다.

그러나 부처님은 그렇게 가르치지 않으셨습니다. 부처님은 자신이 지은 것을 남이 받을 수도 없고, 남이 지은 것을 자기가 받을 수도 없다고 가르치셨습니다. 부처님의 육성 법어에 가장 가깝다는 《아함경》의 그 어디에도 남의 공덕을 자신이 받을 수 있다고 하신 가르침은 없습니다. 스님의 공덕이 높다면 그 공덕은 스님 자신이 받을 일이지 스님의 공덕을 남이 받을 수는 없다는 것입니다. 따라서 스님에게 의지해서 기도를 하고 소원을 이루려고 하는 사람이 있다면 그는 아주 어리석은 사람입니다.

수행으로서의 기도

부처님의 육성이 가장 원형에 가까운 모습으로 담겨 있다는 《아함경》과 같은 근본경전의 그 어디에도 소원성취를 빌고 기도를 하라는 가르침은 없습니다. 아무리 눈을 씻고 찾아보아도 그런 가르침은 찾을 수 없을 것입니다. 다만 바라는 바가 있다면 그것을 이룰 수 있는 온당한 노력을 기울이라는 말씀이 있을 뿐입니다. 즉 "원하는 바를 이루기 위해서는 정전(精進)을 해라."라는 가르침이 있을 뿐입니다.

결론적으로 말해, 부처님께서 가르쳐 주시는 기도의 의미와 방법이란 한마디로 말해서 수행의 한 방편일 뿐입니다. 기도는 마음을 가라앉히는 수행, 욕심을 버리는 수행, 마음의 평화와 자유를 얻는 수행의 한 방편일 뿐입니다. 마음속의 온갖 갈등과 잡념을 떨쳐 버리는 수행방법으로서 기도만큼 좋은 방법도 드뭅니다. 조용한 법당에서 부처님을 우러러 바라보고 경건한 자세로 마음을 부처님께 집중하는 것, 이것이 바로 기도입니다. 부처님께 무엇을 해 주십사고 바라는 마음이 있다면 그것은 잡념입니다. 그것은 떨쳐 내버려야 합니다. 거울 같고 명경지수 같은 고요하고 평화로운 마음을 모아 체험하는 것, 이것이 기도입니다. 바꾸어 말하자면 기도 그 자체가 목적입니다. 기도가 다른 무엇을 이루기 위한 수단이어서는 안 된다는 것입니다. 단지 기도를 통해서 마음의 평화와 자유를 체험하는 것이 목적입니다. 기도는 어떠한 것의 수단도 될 수 없습니다.

당의정(糖衣錠)을 빠는 사람들

만일 우리가 부처님께 기도를 올리고 부처님께서 그 기도를 들어주신다고 생각한다면 그 사람은 사탕발림에 홀린 사람입니다. 즉 당의정의 겉물만 빨아먹고 속 알맹이를 뱉어 버리는 사람입니다. 당의정이 무엇입니까? 쓰디쓴 알약 겉에다가 설탕을 살짝 발라 놓은 것입니다. 사실 이 겉에 발린 설탕은 몸에 해로운 것입니다. 몸에 이로운 것은 사탕발림의 속에 든 쓴 알약입니다. 여러분들이 약을 먹을 적에 겉에 발린 사탕발림만 빨아먹고 속에 든 알약을 뱉어 버리는 사람들은 아무도 없을 것입니다.

그런데 만일 부처님께 많은 돈을 시주하고 열성적인 기도를 올리는 사람의 소원을 들어 주실 걸로 믿는다면, 바로 그런 사람이 사탕발림만 빨아먹고 알약을 뱉어 버리는 사람이라는 것입니다. 부처님의 가르침은 실천하기 어렵기가 쓰디쓴 약과도 같아서 사람들이 쉽게 좇아오지 않기 때문에 사람들을 그 가르침으로 가까이 인도하기 위해서 우선 달콤한 사탕발림으로 꼬드긴 것입니다. 그 꼬드김에 빠져서 헤어나지 못해서는 안 됩니다. 진정 몸에 이로운 것은 사탕발림 속에 들어 있는 쓰디쓴 알약입니다.

그러면 속에 든 쓰지만 몸에 이로운 알약은 무엇입니까? 그것은 원하는 것을 얻자면 반드시 그에 해당하는 노력을 기울여야만 한다는 것입니다. 흔히 하는 말로 하자면 우리는 복을 비는 '구복(求福)신앙'이 아닌 복을 짓는 '작복(作福)신행'을 해야 한다는 것입니다. 복은 구해서 얻어지는 것이 아니라 지어서 받는 것입니다.

복을 짓는 다짐으로서의 기도

여러분들의 수험생이 좋은 수능시험 성적을 얻고 좋은 대학에 가서 고생 않고 세상을 살게 하자면, 그런 복을 받을 수 있는 업을 지어야만 하는 것입니다. 지은 만큼만 받는 것이고 지은 대로 반드시 받는다는 것이 부처님의 가르침인 것입니다. 그렇다면 우리의 기도는 복을 달라는 기도, 복을 바라는 기도가 아니라 복을 짓겠다는 다짐의 기도여야 합니다. 복을 지어 놓은 사람은 굳이 복을 받자고 애쓰지 않아도 저절로 발복이 되는 것입니다. 지어 놓은 복이 없는 사람은 아무리 발복을 하고자 애를 써도 허사입니다. 지어 놓은 복이 없는 사람에게는 부처님도 복을 줄 수 없고 스님도 복을 줄 수 없습니다.

복을 받고 싶어 땀 흘려 기도하면서도 복을 지을 줄 모르는 사람들이 많습니다. 여러분, 창고 가득 양식을 채워 둔 사람은 배고픔을 걱정하지 않는 것처럼, 복을 잔뜩 지어 놓은 사람은 복 받을 일을 걱정하지 않습니다.

자, 이제 여러분은 우리가 어떻게 기도를 해야 할지, 그리고 기도라는 행위를 어떻게 생각해야 할지를 조금은 바로 이해하셨으리라 믿습니다. 다시 요약해서 말씀드리자면, 기도는 소원성취를 위해서 하는 것이 아닙니다. 그렇게 아는 사람은 당의정의 사탕발림을 빠는 사람이라고 했습니다. 우리가 현명한 불자이고 부처님의 올바른 제자가 되려면 사탕발림을 버리고 속에 든 진짜 약을 먹어야만 합니다.

여러분들이 어떤 마음가짐으로 어떻게 기도를 했는지 모르지만 선업을 지어 창고 가득히 쌓아 놓은 선업의 부자가 되겠다는 다짐으로서의 기도를 해야 할 것입니다. 그리고 그것은 마음속의 갈등과 욕심과 집착을 버리고 마음의 평화와 자유를 누리는 그런 수행의 기도여야 할 것입니다.

제 2 장

믿고 염불하여
성불하는 길

　불교는 지혜와 자비의 종교입니다. 즉 불자는 우선 성불(成佛)을 해야 하고 또한 세상을 향해 자신을 헌신해야 합니다. 바꾸어 말하자면 불자는, "나는 부처되는 길을 가겠습니다. 그리고 세상을 위해 이 한 몸을 바치겠습니다."라고 다짐하는 것입니다. 이 지혜와 자비의 길을 제외하고 뭔가 다른 길, 예컨대 부자가 된다든가 복을 받는다든가 하는 것과 사실 불교는 아무런 관계가 없습니다.

　그런데 이 지혜와 자비의 길을 가는 데는 여러 갈래의 길이 있습니다. 여기서는 불자가 가는 여러 갈래의 길 중에서 정토로 가는 길, 즉 염불신앙에 대해서 말씀드리고자 합니다. 정토신앙이란 '부처님을 믿고 염불해서 성불한다'는 것을 기본으로 합니다. 그렇다고 정토신앙이 참선수행이나 경전공부와 같은 여타의 길과 전혀 다른 완전히 딴 길이라고 생각해서는 안 됩니다. 모든 길은 다 지혜와 자비의 길로 통합니다. 다만 설명하는 방법이 다를 뿐입니다.

흔히들 수행하는 분들은, '나의 노력에 의해서 부처가 된다', 혹은 '내 힘으로 내가 깨친다'고 합니다. 하지만 정토신앙의 입장에서는 그렇게 이야기하지 않습니다. '내가 깨친다'고 했을 때의 '나'는 '중생인 나'입니다. 깨치기 전의 '나'이기 때문이죠. '중생으로서의 나'는 '번뇌에 물든 유한한 나'입니다. 그러므로 이 '번뇌에 물든 유한한 나의 노력으로써, 무한절대인 부처를 이룬다'는 말은 정토신앙의 입장에서 보면 쉽게 이해하기 어려운 말입니다. 다시 말하자면 상대적이며 유한한 차원의 노력은 그것이 아무리 많다고 하더라도 상대적이며 유한한 범주를 벗어날 수 없습니다. 여러분들 스스로 잘 생각해 보십시오. 나는 금생에 내 힘으로 노력해서 깨달음을 성취해서 부처가 될 수 있겠습니까? 정토신앙을 하는 사람들은 자력(自力)으로 부처를 이룬다는 것은 참으로 어렵다는 것을 분명히 알고 있습니다.

그러면 우리 중생들은 어떻게 부처를 이룰 수 있겠습니까? 내가 부처가 되는 것은 우리 중생들의 생명의 원천인 부처님 쪽에서, 내가 성불하도록 조건을 조성하고 있음을 받아들이는 것입니다. 이 말을 좀 더 쉽게 풀면 부처님께서 나를 성불시켜 주시는 것이지 중생인 내가 나의 노력으로 부처가 되는 것이 아니라는 말입니다. 정토신앙에서 보면, 부처님은 절대무한의 초월적 존재이며 중생들의 생명(生命) 그 자체이십니다. 다만 우리 중생들은 이러한 절대무한인 진실생명을 살고 있음에도 불구하고, 그것을 알지 못할 뿐입니다.

바꿔 말하면 우리는 부처님하고 중생이 따로 있다고 생각하지만, 본래부터 중생은 없습니다. 우리는 본질적으로 모두 부처인 것입니다. 그러므로 부처가 되는 것은 중생인 내 힘으로 되는 것이 아닙니다. 다만 여기서 우리는 이 말을 정확하게 알아들어야 합니다. 중생들이 본질적으로 부처라고 하는 것은 모든 중생들이 부처가 될 가능성을 가지고 있다는 뜻입니다.

부처님은 이미 성불하셨습니다. 그러한 부처님께서 서원(誓願)을 세우셨습니다. 모든 중생이 성불할 때까지 자비행을 그치지 않겠다는 서원입니다. 서원이란 맹세코 성취하겠다는 결심을 말합니다. 한걸음 더 나아가 모든 중생들이 중생으로 남아 있는 한 부처님도 오히려 중생으로 남아 있겠다는 서원입니다. 즉 "네가 중생인 한, 나 또한 중생이다. 그대가 부처가 되는 그때, 나도 부처가 되겠다."는 것이 부처님의 서원입니다. 부처님은 '우리가 성불하지 않으면, 부처님 또한 성불하지 않음'을 서원하십니다.

이것이 불국정토 극락세계에 계시는 아미타 부처님의 본래서원입니다. 우리가 흔히 자주 하는 '나무아미타불(南無阿彌陀佛)'이라는 기도는 "그러한 아미타 부처님께 귀의합니다."라는 뜻입니다. 나무라는 말은 '귀의합니다', '돌아가 의지합니다', '목숨을 바쳐 돌아가 의지합니다'라는 뜻입니다.

정토신앙의 근본이 되는 《무량수경(無量壽經)》에는 "부처님이 중생을 보살피기를 마치 효성스러운 자녀가 부모님을 모시듯 한다."고 나와 있습니다. 이 경우 효성스러운 자녀는 부처님이고, 부모는 중생입니다. 우리가 상식적으로 생각하는 것과 정반대입니다. 우리는 중생인 우리가 부처님을 자비로운 아버지로 모신다고 생각하기 쉽지만, 그것은 우리가 수행하기 위해서 인위적으로 그렇게 하는 것입니다. 진실을 말하자면 우리가 부처님을 아버지 모시듯 하기 전에 아미타 부처님께서 먼저 나에게 말씀하시기를 "나는 당신을 효성스러운 자녀가 부모 모시듯이 하겠습니다."라고 외치고 계신 것입니다.

그러한 사실을 믿는 마음에서 우러나오는 것이 '나무아미타불'입니다. 그러한 사실을 믿어야 우리가 진실한 마음으로 아미타불을 외우며 기도할 수 있습니다. 이처럼 정토신앙은 아미타 부처님께서 우리 중생들을 지극한 마음으로 사랑하신다는 것을 믿는 것에서부터 출발합니다.

아미타 부처님께서는 "그대들이 만일 나를 믿고 나에게 의지하기만 한다면 나는 반드시 그대들을 부처되도록 하고야 말 것이다."라고 서원하시는 것입니다. 그러므로 정토신앙에서는 내가 새삼스럽게 수행해서 되는 것이 아닙니다. 내 노력으로 되는 것이 아니라, 부처님의 원력(願力)으로 그렇게 될 수밖에 없게 되어 있습니다. 이 말은 사실 우리 모든 중생들이 성불하도록 이미 결정이 났음을 의미합니다. 이것을 믿는 것이 아미타 부처님을 믿는 것입니다. 그러므로 역설적으로 말하자면, 아미타 부처님을 염불한다는 것은 내가 부처님을 불러 모시는 것이 아니라 부처님이 나를 불러 주고 계신 소리에 응답하는 소리입니다.

정토신앙이란 "부처님을 믿고 염불하여 성불한다."는 것이라고 말씀드렸습니다. 내가 염불하는 것도 아니고 내가 수행하는 것도 아닙니다. 이렇게 말씀드리면 어떤 분들은 아미타 부처님의 원력에 의해 모든 중생들이 "이미 성불이 끝났기 때문에 염불할 필요가 없다."고 말씀하시는 분이 계십니다. 이는 '듣고, 결단하고, 실천한다'는 문(聞)·사(思)·수(修)의 3단계 수행과정 중에서 문(聞)·사(思)까지만 하고 수(修)가 없어진 경우이지요. 그래서 어떤 사람들은 이미 성불이 끝났다고 생각하면서 마음대로 행동하고 다닙니다. 그래서 남들이 뭐라고 하면, "본래 부처이므로 어떻게 해도 괜찮다."고 말합니다. 그러나 그런 사람들은 사실 부처님의 가르침을 정확하게 알지도 못하고 죄만 짓는 사람들입니다.

예를 들면 우리가 불교를 배우러 스스로 절에 온다고 생각하는 사람들이 많습니다. 그렇게 생각하는 사람들은 자기가 가고 싶어서 자기의 힘으로 간다고 생각합니다. 그러나 정토신앙의 입장에서 보면 내가 가는 것처럼 보이지만 실제로는 아미타 부처님께서 불러서 가는 것입니다. 이 뜻을 알아들어야 "내가 염불하는 것같이 보이지만, 부처님께서 불러서 내가 염불한다."는 뜻을 알게 됩니다. 이것이 정토신앙의 핵심입니다. 부처님이 부르고 계시다는 것을 믿는 사람만이 좇아가는 것입니다.

법문(法門)만 듣고 염불하지 않는다면 법문을 아무리 많이 들어도 소용이 없습니다. 육조 혜능대사께서 "거지도 자기가 부자가 될 수 있다는 사실을 알고 있지만 노력하지 않기 때문에 안 되고 있는 것이다."라고 말씀하신 것과 정확히 똑같습니다. 부자가 되려면, 부자

노릇할 수 있는 길을 가야 합니다. 아미타 부처님께서는 항상 우리를 부르십니다.

마치 내가 라디오를 듣지 않고 있지만 방송국에서는 방송을 끊임없이 보내주는 것과 마찬가지입니다. 그러나 방송을 항상 내보낸다고 해서 라디오를 켜지도 않았는데 방송이 나오는 것은 아닙니다. 그렇다고 해서 방송국에서 방송을 내보내지도 않는데, 내가 라디오나 텔레비젼을 켰다고 해서 방송이 나오는 것도 아닙니다. 방송국에서 먼저 방송을 내보내고 또 내가 스위치를 켰을 때, 그 방송을 들을 수 있는 이치와 같습니다.

부처님이 나를 부르고 계시지만, 그 부름에 내가 응답해서 염불했을 때, 내 성불의 길이 열리는 것입니다. 다만 법문을 어설피 듣고, "아! 내가 염불하기 전에 먼저 부처님이 나를 부르고 계신다. 내가 성불하지 않으면 당신도 성불하지 않으시겠다고 서원하셨는데, 당신께서 이미 성불했으므로 나도 부처다."라고만 하는 사람은 아무런 소용이 없습니다.

자, 우리는 새삼 다짐합시다. 올해는 기필코 부지런히 독경하고 염불해서 부처님께서 나를 부르시는 소리를 듣고야 말겠다고 말입니다. 듣고, 결단하고, 실천한다고 할 때의 문(聞)은 그저 법문을 듣기만 한다는 뜻이 아닙니다. 참다운 문(聞)이란, 나무아미타불을 처음에 내가 부르기 시작해서 부처님께서 부르고 계신 소리를 듣는 것입니다. 마치 펌프로 물을 푸려면, 먼저 바가지의 마중물을 붓고 펌프질을 해야 하듯이 처음에는 내가 나무아미타불을 부르는 것으로 시작하지만 그것은 한 바가지 마중물과 같습니다. 그 다음에는 무한정으로 물이 계속 나오는 것처럼 아미타 부처님의 가피가 무한 정으로 퍼부어집니다.

우리는 세상을 살면서 문제에 부딪히고 장애에 부딪히고, 억울하고 분한 일을 당합니다. 또는 원수를 만나 고생을 한다고 하지만, 알고 보면 본래 원수도 없고 장애도 없습니다. 그런데 자꾸 어려움에 부딪히는 것은 내가 스스로 착각과 집착의 껍질 속에 가두고 있기 때문입니다. 이때 나무아미타불을 꾸준히 부르면, 껍질이 깨지고 착각과 집착이 풀어져서 차원이 다른 세계에 가게 됩니다. 그리고 그것은 내 힘으로 가는 것이 아니라 부처님이 부르고 있는 길에 들어서고 있는 것입니다. 이렇게 부처님의 길에 들어서면 차원이 달라지고 차원이 달라진 사람에게는 이 세계가 달리 보이는 것입니다.

똑같은 보름달을 다 같이 보고, 이태백은 불후의 명시(名詩)를 남겼고 베토벤은 "월광 소나타"를 작곡했습니다. 왜냐하면 바라보는 차원이 달랐기 때문입니다. 그러니까 우리들이 듣고 결단하고 실천하는 문사수로 꾸준히 나무아미타불을 부르면 세계가 바뀝니다. 모든 것이 다르게 느껴집니다. 그러나 바깥 세계가 바뀌는 것은 아닙니다. 우리 아버지 어머니가, 남편이나 부인이, 아들이나 딸들이 바뀌는 것은 아닙니다. 바깥 세계는 본래 그대로 있는데도 불구하고 내가 세계를 보는 눈이 바뀌는 것입니다. 나의 염불로 시작해서 아미타 부처님의 원력에 의해서 바뀌는 것입니다.

이처럼 꾸준히 일념으로 염불하면 부처되는 세계가 전개됩니다.

그렇게 부처되는 과정에 들어서서 생활하게 되면 부딪히는 모든 문제와 장애가 저절로 풀어지고 해결되는 것입니다.

법문은 한 번 듣고 그냥 잊어버리고 마는 것이 아닙니다. 들은 대로 부지런히 정진하는 대중이 되어야겠습니다. 정진이란 정성스럽게 한 걸음 한 걸음 꾸준히 앞으로 나아가는 것을 가리킵니다. 아미타불을 부르는 염불 정진은 외나무다리 건너듯이 하여야 합니다. 외나무다리를 빨리 건너겠다고 서두르다가는 빠져 죽기 쉽습니다. 한 발짝씩 정성스럽게 내디뎌야 안전한 법입니다.

처음에는 108념(念)을 하고 다음에는 1000념, 그 다음에는 3000념, 5000념……, 이렇게 차츰 늘려 나아가다 보면 세상이 달라지는 것을 느낄 수 있을 것입니다. 또한 혼자 하는 것보다는 도반들과 같이 모여서 하는 것이 더욱 좋습니다. 모여서 하면 은연중에 서로를 정진할 수 있도록 도와주는 결과를 낳습니다. 그리고 집에서 하는 것보다는 법당에서 하는 것이 낫습니다.

앞으로는 모여서 법문만 들을 것이 아니라 다 함께 아미타불을 부르는 염불 정진하는 기회를 더 많이 가져보기 바랍니다. 염불 정진을 통해서 서방 극락세계에 왕생하고 그곳에서 항상 법문을 하고 계시는 아미타 부처님의 가피를 받아 성불하는 길이 가장 쉽고 빠른 길입니다. 그리고 이와 함께 항상 잊지 말아야 하는 것은 이러한 지혜의 수행과 함께 언제나 자비의 수행, 즉 세상과 남을 향해서 헌신하고 봉사하는 생활을 해야만 합니다. 그래서 불교는 지혜와 자비의 종교인 것입니다.

제 3 장

관음보살
기도법

　기도법의 요체는 무엇보다도 간절한 마음입니다. 기도는 간절한 마음이 얼마나 오래 지속되느냐가 문제입니다. 5분도 못 되어 헛생각이 일어나서 몸은 법당에 있고 마음은 이러 저리 밖으로 나가 돌아다니면 아무 소용이 없습니다. 한 생각이 백 년이 가도록 지속적으로 하는 것이 중요합니다.

　보통 하루에 8시간씩 7일, 21일 기도를 하는 것이 좋습니다. 그런데 8시간씩 기도한다는 것이 정말 힘들고 어렵습니다. 정신 집중도 쉽게 잘 되지 않습니다. 법당에서 기도를 하고 있으면 번뇌 망상이 서울로 갔다, 미국으로 갔다, 부산으로 갔다 합니다. 여기에서 번뇌 망상과 싸움이 시작되는 것입니다. 예를 들면 자기는 KBS 채널을 맞추려고 하는데 자꾸만 MBC 방송이 들어오는 것과 같습니다. 이렇게 계속 번뇌 망상과 싸움을 하는 것입니다. 그래도 끝까지 반복적으로 계속해야만 합니다. 생각이 일어나더라도 그 생각을 따라가지 말고 마치 영화감독처럼 해야 합니다.

우리는 영화를 볼 때 영화 속으로 빠져들어 갑니다. 그러나 기도할 때에는 영화 속에 빠져들어 가듯 해서는 안 됩니다. 마치 감독처럼 영화에 빠지지 않고 영화를 감상해야 합니다. 영화감독은 영화를 자기가 만들었기 때문에 어떤 경계에도 빠져들지 않습니다. 이렇게 반복적으로 계속 기도하다 보면, 이제는 자연스럽게 생각이 일어나면 일어나는 대로, 생각이 사라지면 사라지는 대로 어떤 경계에도 빠져들지 않을 수 있습니다. 계속해서 반복적으로 해야 합니다. 하루에 8시간씩 7일 정도는 계속해야 합니다.

'관세음보살, 관세음보살' 하면서 관세음보살 명호에 초점을 맞추고 계속 '관세음보살, 관세음보살'만을 부르고 생각해야 합니다. 망상이 들어오면 그냥 영화감독이 필름 보듯이 흘려보내고, 다시 관세음보살 염불을 하는 것입니다. 계속해서 지속적으로 관세음보살 명호를 부르면서 정신을 한군데 집중하는 것입니다. 마치 화살을 쏠 때 과녁에 정신을 집중하듯이 화살을 힘껏 당겨 정 중앙에 초점을 맞추고, 초점이 흔들리면 다시 초점을 맞추듯이 하면서 계속 정신을 집중하는 것입니다. 이렇게 해서 간절하게 정신을 집중하다 보면 기도는 저절로 잘되게 되어 있습니다.

앞에서도 말했듯이 기도는 얼마나 간절한 마음이 오래 지속되느냐가 문제입니다. 가령 하루에 두 시간 정도 기도하고 나머지 시간은 다른 데에 신경을 써버리면 그만큼 정신이 흩어져 기도가 되지 않습니다. 그렇게 하는 기도는 밑 빠진 독에 물 붓기나 마찬가지입니다. 7일 동안은 닭이 알을 품듯이 하고, 기도를 한 번 했다 하면 최소한 한 시간은 계속해야 하고, 기도가 끝나면 곧바로 방에 와서 휴식을 취하고, 또 법당에 들어가고 하는 방법으로 하고, 절대로 기도처 밖으로 나간다든가 하면 안 됩니다. 기도 외에는 신문도 보면 안 되고, TV도 보면 안 됩니다. 신문이나 TV를 보면 그만큼 정신을 빼앗기게 되므로 정신이 소모되는 것입니다. 될 수 있으면 법당, 화장실, 세면장, 자기 방 말고 일절 다른 처소에 안 가야 합니다. 기도중일 때는 다른 사람과 대화를 하면 안 됩니다. 7일 동안 어떠한 일이 있어도 참고 견디어 이겨 내야 합니다.

기도를 하게 되면 이상하게도 자꾸만 주위에서 놀러 가자고 하고, 맛있는 것 먹으러 가자고 하고, TV도 보고 싶고, 신문도 보고 싶고, 평상시에는 별로 관심을 안 가지던 일이 자꾸 나를 방해합니다. 그러나 어떤 일이 있어도 모든 장애를 극복해서 이겨 내야 합니다. 기도를 하루에 8시간씩 하게 되면 처음에는 누구나 2~3일은 따라 합니다. 그러나 5~6일이 되면 그때부터 온몸이 쑤시고, 몸도 아프고, 팔도 아프고 합니다. 그래도 모든 것을 참고 이겨 내야만 합니다.

한 번 7일 기도를 해서 기도를 원만히 회향하면 기분이 뿌듯해질 것입니다. 뭔가 할 수 있다는 용기도 생기고 자부심도 생길 것입니다. 기도는 처음 시작할 때가 제일 힘이 듭니다. 그러나 몇 번 하고 나면 누구나 쉽게 할 수 있는 것이 기도입니다. 기도는 앞에서도 말했듯이 얼마나 간절한 마음을 오래 지속하느냐가 문제입니다. 여러분이 정말로 진실하게 기도하신 분이라면 7일이 하루 가는 것처럼 짧게 느껴질 것입니다. 그렇지 않은 분은 7일이 70일 가는 것처럼 지루하고 힘들게 느껴지실 것입니다. 정말로 진실하게 신심을 내서 기도를 한 번 해 보시길 발원합니다. 여러분의 소원이 하나하나 다 이루어져서 불행이 행복으로 바뀔 것입니다.

기도하는 장소는 집에서 하든, 절에서 하든 아무 관계가 없습니다. 그러나 집에서 기도를 하게 되면 시끄러워서 정신 집중이 잘 안 됩니다. 그러므로 정신 집중이 잘 되는 곳이 좋습니다. 자기 집이 만약에 조용한 곳이어서 정신 집중이 잘 되면 집에서 하는 것이 좋고, 그렇지 않으면 절에서 하는 것이 좋습니다. 중요한 것은 내가 얼마나 간절한 마음과 진실된 마음으로 기도를 하느냐가 문제입니다.

여러분이 신심과 원력이 있으면 장소가 무슨 문제이겠습니까! 그러나 근기가 하근기인 사람은 장소가 아주 중요합니다. 기도하는 장소가 어지럽고, 시끄럽고 산란하면 집중력이 그만큼 떨어지게 되어 있습니다.

저는 기도할 때 아무도 오지 않는 절에서 혼자서 조용히 하기를 권해 드립니다. 혼자서 기도를 하면 그만큼 나 자신과의 싸움에서 내 근기도 시험할 수 있고 진정한 나만의 시간을 가질 수 있어서 좋습니다. 그러나 여러 사람이 있는 곳에서 기도하게 되면 그만큼 다른 사람들 눈을 의식하게 되고, 남들과 비교하는 마음이 생겨서 진짜 기도가 안 될 때가 많습니다.

또한 기도할 때는 계율을 지켜야 합니다. 살생을 한다든가, 음행을 한다든가, 도둑질을 한다든가, 술을 먹는다든가, 거짓말을 한다든가, 정신을 흐리게 하는 모든 요소가 기도를 하는 데 장애가 됩니다. 음식도 적당히 먹어야 하고, 냄새가 심하게 나는 파·마늘도 먹지 말아야 하며, 담배도 피우지 말아야 합니다. 음식도 적당히 부담 가지 않을 정도로 먹으면 좋습니다. 음식을 함부로 먹고 폭식을 하고 기도하면 그만큼 음식을 소화하느라 에너지가 소비됩니다.

그래서 적당한 음식과 적당한 운동으로 몸을 건강하게 하면서 기도를 해야 합니다. 기도를 할 때는 힘이 많이 들기 때문에 잘 먹어야 합니다. 여기에서 잘 먹어 줘야 한다는 것은 음식을 많이 먹는다는 뜻이 아닙니다. 영양 섭취를 골고루 하면서 몸을 튼튼하게 하고 기도를 해야 그만큼 정신 집중이 잘됩니다. 계율을 어기면서 기도하면 아무 소용이 없습니다. 계율을 어기면서 기도하면 앞에서 말했듯이 밑 빠진 독에 물 붓기처럼 물을 가득 채울 수 없습니다. 하루하루 항아리에 물을 가득 채우듯이 간절한 마음으로 하다 보면 어느새 항아리에 물이 가득 차 기도를 빨리 성취할 수 있습니다.

우리의 정신세계도 이와 비슷합니다. 생각을 모으면 모을 수가 있습니다. 마치 항아리에 물을 가득 채우듯이 하루하루의 생각을 집중해 모으면 마음이 모아져서 기도를 빨리 성취할 수 있는 것입니다. 그러나 조금 하다가 게으름을 피우면 아무리 해도 기도는 이루어지기 어렵습니다.

그러나 한 번 마음을 먹으면 굳은 신심과 믿음으로 최선을 다해야 합니다. 어떤 때는 목숨을 걸고 기도를 해도 성취하기가 어려운 일인데, 게으름을 피우면서 기도를 성취하기란 어렵습니다. 앞에서 제가 기도시간을 8시간으로 정했는데 자기의 정신이 건강하고 몸이 건강하다면 10시간, 12시간, 24시간 기도를 해도 좋습니다. 7일 동안 지속적으로 관세음보살 명호를 간절하게 부르기만 하면 기도는 성취될 수 있습니다.

또 거듭 말씀드리지만, 지속적으로 관세음보살 명호를 부르고 있으면 자기도 모르는 사이에 헛생각이 들어올 때가 있습니다. 헛생각이 들어오면 영화감독이 영화필름 보듯이 그냥 내보내고 다시 관세음보살님께 초점을 맞추면서 해야 합니다.

사람이 1초에 생각이 800번에서 900번 일어났다 사라졌다 한답니다. 그 많은 생각들을 다 볼 수는 없어도 관음 기도할 때만큼은 내가 지금 헛생각이 들어오는지 나가는지를 알아야 합니다. 기도는 정신을 바짝 차리고 해야 합니다. 흐릿한 마음으로 기도하면 성취하기 어렵습니다.

우리 몸은 자동차와 같습니다. 운전하는 사람 마음에 따라서 자동차가 가듯이, 우리의 몸도 안에서 조종하는 마음이라는 것이 있습니다. 우리의 생각이 너무 빨리 일어나니까 모르는 것뿐입니다. 그 많은 생각들 속에 나와 인연이 맞으면 행동으로 옮기고, 눈으로 보고, 느끼고, 귀로 듣고, 코로 냄새 맡고, 혀로 맛을 보고, 피부로 부드러움을 느끼는 것입니다.

우리는 지금 눈의 노예가 되고, 코의 노예가 되고, 귀의 노예가 되고, 혀의 노예가 되고, 피부의 노예가 되어서 우리의 진실한 마음을 흐리게 합니다. 우리의 마음은 눈이 없어도 볼 수 있는 것이고, 코가 없어도 냄새를 맡을 수 있는 것이고, 귀가 없어도 소리를 들을 수 있는 것이고, 혀가 없어도 맛을 볼 수 있는 것이고, 피부가 없어도 부드러움을 느낄 수 있는 것입니다. 다만 우리의 육체는 자동차와 같이 사용하는 것입니다. 자동차가 오래되면 폐차하듯이, 이 몸이 다 되면 늙고, 병들어 죽게 되는 것입니다.

그러나 죽지 않는 것이 있습니다. 그것은 우리의 진실된 마음입니다. 마음에도 진짜가 있고 가짜가 있습니다. 우리 몸이 죽으면 가짜는 다 사라지고 진짜만 남게 됩니다. 그러므로 가짜의 노예가 되어서 살아가면 안 됩니다. 하루 빨리 진짜 나를 찾아서 지혜로운 삶으로, 죽지 않는 저 언덕의 길로 가기를 간절히 발원합니다.

진실로 간절히 기도하면 7일 만에 성취할 수 있지만, 그렇지 못하면 7일 동안 계속하지도 못하고 괜히 고생만 하게 되어 있습니다. 그러므로 괜히 요행수를 바라면서 기도를 하면 안 됩니다. 진실로 기도를 하면 가난한 자가 부자가 되는 것은 물론 불치의 병도 고칠 수 있으며, 그 어떤 소원도 이루어질 수 있습니다. 그러나 거짓 마음으로 기도하면 그만큼 벌을 받게 되어 있습니다.

그래서 처음부터 간절한 마음이 나오지 않으면 마지막까지 기도를 마치기도 어렵고, 기도를 성취하기도 어렵습니다. 앞에서도 말했듯이 간절한 마음이란, 진실된 마음, 지푸라기라도 잡을 심정으로 기도하는 애타는 마음입니다. 그런 마음으로 기도하면 거의 90%는

1차 관문을 통과합니다. 기도의 2차 관문은 지속적으로 하는 것입니다. 3차 관문은 죽을 고비가 와도 당당하게 처음에 세웠던 진실한 마음이 변하지 않고 꾸준히 나아가는 것입니다. 어떤 경계가 오더라도 말입니다.

그러나 마지막 3차 관문은 100명이면 5명이 들어갈까 말까 할 정도로 정말 어렵습니다. 그렇게 어렵게 해야만 기도가 이루어집니다. 기도가 이렇게 어려운 길이지만 그래도 우리는 기도하지 않고서는 이 사바세계를 온전하게 살아가기 어렵습니다. 주저하지 말고 용기를 내서 기도하시길 바랍니다.

기도를 할 때에는 한 생각으로 정신을 집중해야만 합니다. 마치 도끼로 나무를 쓰러뜨리듯이 기도를 해야 합니다. 한군데 집중적으로 도끼질하면 아무리 큰 나무도 넘어가게 되어 있습니다. 그러나 여기 쪼끔 저기 쪼끔 이렇게 왔다 갔다 하면서 도끼질을 해서는 나무를 넘어뜨릴 수 없습니다. 조금씩 하더라도 천천히 그리고 꾸준히 계속해서 해야 합니다.

한군데 정신을 집중해야만 기도를 성취할 수 있는데 보통 사람들은 욕심이 많아서 그렇게 하지를 못합니다. 욕심을 부리며 기도하지 않아도, 입을 열어서 말하지 않아도, 우리의 잠재의식 속에서 잠재되었던 생각이 저절로 나와서 자기 소원이 발원됩니다. 오로지 잡념에 사로잡히지 않고 관세음보살님 명호만 열심히 지속적으로 부르면 되는 것입니다. 입으로만 건성으로 부르지 않고 마음으로 간절하게 기도를 해야 합니다.

우리가 가식적으로 기도를 하게 되면 법당에서 기도할 때 옆에서 기도하는 사람들의 소리가 거슬리고, 뒤에서 기도하는 사람들 소리가 거슬리고, 온몸은 가렵고 목은 마르고, 팔다리는 아프고 합니다. 그러나 정말로 원력의 힘이 강하고 진실한 마음으로 일념에 빠지면 옆에서 무슨 소리를 하든, 자신의 몸이 가렵든, 뒤에서 무슨 소리를 하든 아무런 관계가 없습니다. 정말로 집중이 잘 되어서 삼매에 빠지면 누가 옆에서 뭐라고 해도 아무런 소리가 안 들립니다. 그런데 보통 사람들은 그렇게 잘 되지 않습니다. 망상에 사로잡혀서 기도하고, 기도하는 방법을 몰라서 그렇습니다. 그런 경우에는 옆에서 누가 부르면 바로 그냥 그 쪽으로 마음이 가게 되어 있습니다. 기도할 때는 절대로 누가 뭐라 해도 마음이 움직이면 안 됩니다. 설사 뒤에서 누가 나를 건드려도 거기에 신경 쓰지 말고 꾸준히 기도만 해야 합니다.

기도는 처음이 어려울 뿐 하면 할수록 힘이 생기는 것입니다. 그러므로 혹시 기도를 한번 해야겠다고 생각하면 특히 처음에 최선을 다하여 기도해 보시길 바랍니다. 하면 할수록 힘이 생길 것입니다.

또한 기도를 할 때는 선업으로 공덕을 짓고 악업으로 지은 업장을 녹이며 해야 합니다. 그래야 기도가 저절로 성취됩니다. 업장은 우리 마음의 검은 그림자입니다. 예를 들어 우리가 남몰래 나쁜 일을 하게 되면, 남들은 모른다고 하여도 자기 자신은 알고 있어 죄의식을 느낍니다. 마찬가지로 업이란 우리 잠재의식 속에 남아서 사라지지 않습니다. 마치 컴퓨터에서 작업을 하고 나면 작업의 결과가 고스란히 컴퓨터에 남듯이 업의 결과도 고스란히 남게 되는 것입니다. 나쁜 죄를 많이 지으면 업장이 남고, 좋은 일을 많이 하면 공덕이 남게 되는 것입니다.

그래서 전생에 내가 만약 도둑질을 많이 하고 남을 많이 속이고 살았다면 금생에 그것을 그대로 받는 것입니다. 자꾸만 남이 속이려 든다면 그것들이 다 전생에 내가 지은 업 때문에 그런 것입니다. 만약에 선한 업을 많이 지은 사람이라면, 남들이 도와주고 절대로 속임도 당하지 않을 것입니다. 그래서 공덕을 많이 짓는 사람은 기도 성취가 빠를 것이고, 업장을 많이 지은 사람은 기도 성취가 늦을 것입니다. 공덕은 계속해서 많이 지어야 하지만, 이미 지은 업장을 제거하는 데는 참회하는 것이 가장 좋습니다. 과거에 지은 모든 악업을 참회하는 것입니다. 그런데 업이 참회를 했다고 해서 그렇게 쉽게 없어지는 것이 아닙니다. 우리 생활습관도 하루아침에 고치기가 힘들 듯이 업이란 그리 쉽게 녹는 것이 아닙니다.

이런 말이 있습니다. 만약에 내가 30년 동안 생활해 온 나쁜 성격을 고치려면 30년이란 세월이 걸리고, 40년 동안 생활해 온 나쁜 습관을 고치려면 40년이란 세월이 걸린다는 것입니다. 이렇게 우리 업의 훈습이란 자기가 진정으로 참회하지 않는 한 그리 쉽게 없어지질 않습니다. 이렇게 우리의 업장은 무섭습니다. 그래도 업장을 녹이기 위해서 기도하고 참회하고 그러면 점점 업장은 없어지고 공덕이 남게 되어 정말로 내가 원하는 소원들이 모두 다 이루어질 것입니다.

그러면 왜 업장이 많으면 소원이 안 이루어질까요? 우리의 정신이 맑으면 맑을수록 기도가 잘 되는 것입니다. 정신이 맑으면 내가 무엇을 해야겠다고 마음을 먹으면 그 일이 아무 장애가 없이 쉽게 이루어지는 것입니다. 그러나 업장이 많으면 생각이 많고, 정신이 흐리면 장애가 많고, 무슨 일이 뜻대로 잘 안 되는 것입니다.

그것은 내가 전생에 지은 나쁜 업이 많이 있기 때문입니다. 우리의 정신세계는 마치 파도치는 것과 같습니다. 처음에는 온갖 생각으로 내가 지금 무슨 생각을 하고 있는지도 모르게 생각이 어지럽게 일어나고 사라지다가 마음을 조금씩 가라앉히고 안정시키면서 호흡에 생각을 맞추고 있으면 파도치는 어지러운 생각들이 차츰 사라지고, 마음은 고요하게 됩니다. 마음이 고요해지면 어지럽고 산란했던 생각들도 점점 엷어져서 어느 순간에 내 마음은 깨끗하게 될 것입니다. 마치 파도가 어지럽게 치다가 조용해지면 바다 밑이 훤히 들여다보이듯이, 우리 마음도 마찬가지입니다.

기도를 열심히 하다 보면 자기도 모르는 사이에 업장은 점점 없어지고 깨끗한 마음이 남아서 자기가 하고자 하는 일이 순조롭게 되는 것입니다. 그러므로 평상시에도 열심히 기도해서 업장을 녹이고 깨끗한 마음으로 살아가면 좋은 일이 많이 생길 것입니다.

제 4 장

염불 기도법

　한국 불교는 선종(禪宗)이 주류를 이루는 탓에 참선이 가장 수준이 높은 수행이고 반면에 염불은 수준이 낮은 수행이라는 생각을 하는 사람들이 많습니다. 그러나 결코 그렇지 않습니다. 참선은 어렵고 염불은 쉬울 뿐입니다. 어렵다고 수준이 높고 쉽다고 수준이 낮은 것이 아닙니다. 참선은 완전히 깨치지 못하면 남는 게 없지만 염불은 한 만큼 남는 게 있습니다. 그래서 참선은 도박을 하거나 복권을 사는 것과 비슷하다고 합니다. 되면 좋지만 되지 못하면 염불만 못한 것입니다. 참선만 주장하던 많은 선사들이 노후에는 염불수행으로 돌아서는 것을 많이 봅니다.

　특히 수행에 전념하기 어려운 재가 신자들에게는 어떤 상황에서든 수시로 할 수 있는 염불수행이 전심전력해야만 할 수 있는 참선보다 오히려 적합합니다.

염불이란 무엇인가?

부처나 보살의 이름을 부르며 마음속에 생각하는 불교의 수행을 염불(念佛)이라고 합니다. 염불의 1차적 목적은 불보살의 가피(加被)를 입어 세속의 행복을 누리고자 함도 있습니다. 그러나 염불의 궁극적 목적은 불보살의 절대적 힘에 의지하여 열반에 들어 해탈을 이루고자 하는 데에 있습니다.

불교의 수행은 인간 자신의 힘을 믿고 실천하는 자력수행(自力修行)과 불보살의 힘을 믿고 의지하는 타력신행(他力信行)으로 나눕니다. 염불은 가장 대표적인 타력신행입니다. 자력수행은 어렵기 때문에 난행도(難行道)라고 하고 타력신행은 쉽기 때문에 이행도(易行道)라고 합니다.

염불의 방법과 분류

염불은 방법과 기준에 따라 다양하게 분류됩니다. 실천하는 시간을 기준으로 새벽, 한낮, 황혼의 세 때에 나누어 하는 것을 삼시(三時)염불이라고 합니다. 별시(別時)염불은 하루, 사흘, 이레 혹은 14일, 21일, 100일 등 특별한 기간을 정하여 몸과 입과 마음을 깨끗이 한 다음 염불만을 집중적으로 실천하는 수행을 말합니다. 특별한 경우 1,000일까지 계속하는 경우도 있고 만일염불도량(萬日念佛道場)을 따로 결성하여 염불수행에만 전념하는 경우도 있습니다.

염불수행은 주로 칭명(稱名)염불, 관상(觀象)염불, 관상(觀想)염불,

실상(實相)염불의 4종으로 분류합니다. 칭명염불은 불보살(佛菩薩)의 이름을 입으로 소리 내어 부르는 방법입니다. 따라서 이를 송불(誦佛)이라고도 합니다.

이것저것 하는 일에 마음을 쓰면서 입으로만 불보살의 이름을 외우는 경우, 이를 칭명염불 중에서도 산란한 마음으로 하는 염불이라는 뜻으로 산심(散心)염불이라고 합니다. 염불은 다른 일을 하면서도 할 수 있습니다. 반면에 다른 일은 전혀 하지 않고 불보살의 이름을 외우는 일에만 마음을 집중하는 것을 정심(定心)염불이라고 합니다.

자신에게만 들리도록 웅얼웅얼 입속으로 외우는 염불을 소염(小念)염불이라 하고, 주변의 모든 사람들에게 들리도록 큰 소리로 하는 것을 대염(大念)염불이라고 합니다.

여러 불보살들 중에서 한 명의 이름만을 계속 부르는 것은 정행(正行)염불이고 여러 명의 이름을 섞어서 부르는 것은 잡행(雜行)염불입니다. 즉 관세음보살, 석가모니불, 아미타불, 지장보살, 약사여래불 등 여러 불보살의 이름을 계속해서 돌아가며 부르는 것을 말합니다.

또한 칭명염불에는 오회(五會)염불과 구품(九品)염불이 있습니다. 칭명의 곡조와 빠르기에 따라 제1회 염불은 평성(平聲)으로, 즉 '나무아미타불'을 처음부터 끝까지 한결같이 느리게 부르는 것을 말하고, 제2회 염불은 평성에다가 끝을 올리는 상성(上聲)을 합쳐서 느리게 부르는 것을 말하며, 제3회 염불은 느리지도 급하지도 않게 보통의 곡조와 빠르기로 부르는 것을 말하고, 제4회 염불은 점점 빠르고 급하게 부르는 것을 가리키고, 제5회 염불은 '아미타불' 넉 자만을 아주 급하고 빠르게 부르는 것을 뜻합니다.

구품염불은 하루 동안 불보살의 이름을 부르는 횟수에 따라 염불수행의 단계를 1단계에서 9단계까지 아홉으로 나누어 말하는 것입니다. 2천 번 하면 하품하생(下品下生), 만 번 하면 중품중생, 6만 번 하면 상품상생염불이라고 합니다. 아미타불의 이름을 부르는 횟수에 따라 정토에 태어나는 것도 구품연화대의 아홉 가지 수준으로 다르게 태어난다는 것입니다.

관상(觀象)염불은 불상이나 탱화를 바라보며 하는 염불을 말합니다. 물론 이때 칭명염불을 병행할 수 있습니다. 부처님은 인간의 몸과는 달리 32상(相) 82종호(種好)가 있습니다. 부처님의 몸이 갖는 이러한 특징들을 바라보면서 그 특징들이 담고 있는 의미를 깊이 생각하는 것이 관상염불입니다.

관상(觀想)염불은 불보살의 공덕과 서원을 깊이 생각하는 염불입니다. 예를 들어 아미타불은 부처가 되기 전에 오랜 생을 거듭하면서 자신의 생명마저 내어 주는 보시의 실천을 계속해 왔습니다. 이런 수행의 결과로 아무리 퍼내도 줄어들지 않는 바닷물처럼 많은 공덕을 지었으며, 원하는 중생이 있으면 누구에게든 아낌없이 그 공덕을 베풀어 주겠다는 서원을 세웠습니다. 이러한 공덕과 서원을 끊임없이 마음속으로 생각하는 것이 관상염불입니다.

실상(實相)염불은 우주와 인생과 부처의 본성과 참모습을 마음으로 관찰하는 수행입니다. 우주와 인생과 부처의 참모습을 구체적으로 말하자면 연기법과 사성제입니다. 그러므로 실상염불은 연기법과 사성제를 마음으로 관찰하는 수행입니다. 물론 관상(觀想)염불이나 실상염불 모두 칭명염불과 병행할 수 있습니다. 이 4종 염불 가운데 칭명염불과 관상(觀象)염불은 전적으로 불보살의 가피력에 의지하는 타력신앙이 본질이지만, 관상(觀想)염불과 실상염불은 염불을 통해 삼매에 들고 그 삼매를 통해 깨달음을 성취하는 방법으로서 어느 정도 자력수행적인 요소가 배어 있습니다.

이외에도 즉심(卽心)염불, 사리쌍수(事理雙修)염불, 전수(專修)염불의 3종 염불이 있습니다. 즉심염불은 온 세상의 어떠한 불보살도 결국은 나의 마음 안에 있고 나의 마음이 현현한 것에 불과하다고 관찰하고 기억하는 염불수행입니다. 인간의 마음이 본래 부처인데 무명(無明)에 가리어 그 덕성이 나타나지 못할 뿐이므로 내 몸이 정토이고 내 마음이 아미타불임을 기억하고 자기 마음속의 부처를 관찰해야 한다는 것입니다. 이는 선종(禪宗)의 즉심즉불(卽心卽佛) 사상과 염불수행법이 결합한 것입니다.

사리쌍수염불은 이치(理)와 현상(事)의 차원을 함께 닦는 염불수행입니다. 현상의 차원에서 하는 염불수행은 입으로 불보살의 이름을 부르는 것이고 이치의 차원에서 하는 염불수행은 불보살의 공덕과 서원을 마음으로 생각하는 것입니다. 즉 사리쌍수염불이란 몸과 마음으로 동시에 실천하는 염불수행이란 뜻입니다.

전수염불은 갖가지 다양한 염불수행을 다 제쳐두고 오로지 불보살의 이름을 지극 정성 입으로 외우는 칭명염불에만 전념하는 수행법입니다. 이 전수염불은 오로지 믿고 원하는 중생은 누구든 정토에 왕생토록 해 주는 아미타불의 본원력(本願力)에 의지하는 염불 방법으로서 가장 일반적인 염불수행이라고 할 수 있습니다.

염불의 3요소

염불은 까다로운 절차와 방법과 환경적 조건을 요구하는 불교의 다른 수행법들과 달리 아주 손쉽고 단순한 신행법입니다. 오로지 일심으로 불보살의 이름을 부르기만 하면 충분합니다. 그러나 염불에도 기본적으로 반드시 갖추어야 할 몇 가지 요소가 있습니다.

염불의 첫째 요소는 믿음(信)입니다. 관세음보살님이나 아미타 부처님은 무한한 공덕을 갖추었고 또한 그 공덕을 모든 중생들에게 아낌없이 나누어주고자 하는 서원을 세웠다는 사실을 굳게 믿어야 합니다. 관세음보살님은 사바세계의 모든 중생들에게 가피를 내려주고자 하는 서원을 세웠고 또한 그렇게 할 수 있는 공덕이 있음을 믿고, 아미타부처님은 모든 중생들을 서방극락세계로 인도하고자 하는 서원을 세웠고 또한 그렇게 할 수 있는 공덕이 있음을 믿어야 합니다.

둘째 요소는 소망(願)입니다. 염불수행자는 불보살의 가피를 받아 이 세상의 고통에서 벗어나서 정토에 왕생하고자 하는 간절한 소망이 있어야 합니다. 또한 자신뿐만 아니라 이 세상 모든 생명들도 다 같이 고통에서 벗어나 정토에 왕생하기를 간절히 소망해야 합니다. 소망이 간절해야 반드시 이루어집니다.

셋째 요소는 이러한 믿음을 잃지 않기 위해서 불보살의 명호를 지극 정성으로 끊임없이 계속 부르는 실천(行)이 있어야 합니다. 항상 불보살의 공덕과 서원과 가피력을 마음속에 기억하고 입으로 끊임없이 그 명호를 부르고 귀로는 듣고 다시 마음으로 기억하는 실천을 계속해야만 합니다.

또한 염불을 실천하는 수행자는 세 가지 마음가짐을 지녀야 합니다. 첫째는 지극하고 간절한 마음(至誠心)입니다. 믿음과 소망을 가지고 염불을 실천하는 자는 목숨을 바칠 수 있을 만큼 지극하고 간절해야 합니다. 둘째는 굳건하고 깊은 마음(深心)인데, 이는 자신의 나약함과 업장 두터움을 알고 불보살의 두터운 공덕과 위대한 가피력을 굳건하고 깊이, 즉 의심없이 믿음으로써 오로지 불보살에 의해서 구원받기를 바라는 마음입니다. 셋째는 회향발원심(回向發願心)입니다. 이는 자신이 이룬 공덕이 조금이라도 있다면 그것으로 자신을 위하는 것이 아니라 이를 온 세상의 모든 생명들에게 남김없이 베풀어 주겠다는 마음입니다. 지금까지 말씀드린 내용들은 모두 정토삼부경인 《무량수경》, 《관무량수경》, 《아미타경》 등에 나오는 말씀들입니다.

염불의 공덕

염불수행자는 현세에서 모든 고통과 재난을 면하고 행복을 누릴 뿐만 아니라 죽는 순간 불보살의 인도에 의해 서방극락세계에 태어나 그곳에서 아미타 부처님의 가르침을 직접 받고 깨달음을 성취하여 부처가 됩니다.

우리나라에서 염불수행을 처음으로 널리 유포시킨 이는 원효 스님이었습니다. 원효 스님은 어렵고 복잡한 불교 교리를 알기 힘든 일반 대중들에게 간단하게 믿고 쉽게 실천할 수 있는 염불수행을 적극적으로 권면(勸勉)하였습니다. 원효 스님은 특히 정토와 예토(穢土)가 다름없는 한마음(一心)이라는 일심정토사상을 펼쳤습니다. 원효 스님의 이러한 사상은 "자신의 성품이 아미타불이요, 오로지 마음이 극락정토이다[自性彌陀 唯心淨土]."라는 슬로건 아래 선불교 사상과 정토수행을 일치시키는 후대의 선정일치(禪淨一致) 운동의 선구가 되었습니다. 또한 보조 스님은 어묵동정(語默動靜)의 어느 때든지 내 마음을 부처님의 마음처럼 맑고 밝게 닮아가는 것이 최상의 염불이라고 하였습니다.

큰 소리로 외우는 고성(高聲)염불에는 다음과 같은 열 가지 공덕이 있다고 합니다.

첫째, 고성염불은 졸음을 쫓는 공덕이 있고

둘째, 고성염불은 삿된 귀신을 쫓는 공덕이 있고

셋째, 고성염불은 듣는 사람들에게 신심을 불러일으키는 공

덕이 있고

넷째, 고성염불은 지옥·아귀·축생들의 괴로움을 쉬게 해주는 공덕이 있고

다섯째, 고성염불은 다른 소리가 귀에 들리지 않게 해주는 공덕이 있고

여섯째, 고성염불은 마음이 산란하게 되는 것을 막아주는 공덕이 있고

일곱째, 고성염불은 용맹스럽게 정진하고자 하는 마음을 불러일으키는 공덕이 있고

여덟째, 고성염불은 염불소리를 듣는 불보살을 기쁘게 해주는 공덕이 있고

아홉째, 고성염불은 오로지 일념으로 삼매에 들게 하는 공덕이 있고

열째, 고성염불은 정토에 왕생하여 해탈을 이루게 하는 공덕이 있습니다.

염불수행으로 왕생하게 되는 극락정토는 어떠한 괴로움도 없고 오로지 즐거움과 기쁨만이 가득 넘치는 세계입니다. 지금까지 배운 대로 지극한 마음으로 염불하면 우리 모두 틀림없이 극락정토에 태어나게 될 것입니다.

제 5 장

관세음보살님은
누구이신가?

관세음보살이 누구이시며 어떻게 관세음보살이 되었는가 하는 점에 대해서는 《관음본연경(觀音本緣經)》에 아주 자세하고 감동적인 이야기와 함께 실려 있습니다. 다음은 관세음보살이 관세음보살이 되는 연기에 관한 이야기입니다.

옛날 남인도의 마열파질(摩涅婆叱)이라는 나라에 장나(長那) 장자와 마나사라 부인이 살고 있었습니다. 부부는 금슬이 좋아서 행복하게 살고 있었지만 결혼한 지 10여 년이 지나도록 자식이 없어 안타까웠습니다. 어느 날 그들은 신전에 가서 기도를 했습니다.

"제석천을 비롯한 모든 천지신명이시여! 아무쪼록 굽어 살피시어 귀한 옥동자 하나만 내려 주십시오. 만일 저희에게 자식을 하나만이라도 내려 주신다면 많은 덕과 복을 쌓아 그로 하여금 모든 중생들의 의지처가 되게 하겠나이다."

간절하고 정성스러운 이 기도가 헛되지 않아 그들은 아주 잘생긴 아들을 하나 낳았고 3년 뒤에는 또 다시 아들 하나를 더 낳았습니다. 부모는 기쁜 마음에 관상가를 불러 아이들의 이름을 짓기로 했습니다.

"이 두 아이는 아주 잘 생겼습니다만, 일찍 부모를 잃을 운명을 타고났습니다. 아이들의 이름을 조리(早離)와 속리(速離)로 짓는 것이 좋겠습니다."

관상가의 예언을 들은 부모는 몹시 불안했지만 아이들의 재롱 속에서 모든 것을 잊고 행복한 나날을 보내고 있었습니다. 그런데 형 조리가 일곱 살이 되었을 때 어머니 마나사라는 갑자기 병이 들어 죽고 말았습니다. 그런데 마나사라 부인은 임종을 맞이하여 아이들을 불러 놓고 유언을 했습니다. 보통 사람들의 유언은 재산에 관한 것이 대부분입니다. 조금 다른 것이 있다면 형제간에 우애 있게 지내라거나 하는 정도일 것입니다. 그러나 마나사라 부인의 유언은 좀 남달랐습니다.

"조리야, 속리야. 너희는 천지신명을 향한 기도 속에서 태어났다. 너희 아버지와 나는 천지신명에게 약속하기를 아들을 주시면 복과 덕을 쌓아 온 세상의 모든 중생들을 위한 의지처가 될수 있도록 키우겠다고 했다. 내가 복이 없어 너희들을 그렇게 키우지 못하고 일찍 가니 부디 내 말을 잊지 말고 명심해서 천지신명과의 약속대로 살아야 한다. 너희는 너희 자신을 위해서 살지 말고 세상을 위하고 불쌍한 중생들을 위해서 살기 바란다."

마나사라 부인은 이렇게 간곡한 유언을 남기고 눈을 감고 말았습니다. 어머니가 돌아가신 날부터 장나 장자와 어린 두 형제는 슬픔 속에서 살아야 했고, 주부가 없는 집안 살림은 엉망이 되어 갔습니다. 마침내 주위 사람들의 권유에 못 이긴 장나 장자는 사랑하는 두 아들을 잘 키워야 한다는 일념에서 새 아내를 맞아들였습니다. 그녀는 죽은 아내와 모습이 비슷하고 아이들을 잘 돌보았으므로, 장자의 집안은 오래지 않아 평온을 되찾고 단란하게 살아갈 수 있었습니다.

그러나 그것도 잠시뿐, 어느 해 오랜 가뭄으로 큰 흉년이 들게 되자 식량이 없어 굶어죽는 이들이 계속 늘어났습니다. 장나 장자도 식량을 구해오기 위해서 이웃 나라로 길을 떠났습니다. 처음 아이들을 잘 돌보던 새어머니는 보름 만에 돌아오기로 한 남편이 한 달이 지나도 돌아오지 않고 일 년이 지나도 돌아오지 않자 초조해지기 시작했습니다. 조리의 새어머니는 마침내 남편이 영영 돌아오지 않을 것이라고 생각하자 걷잡을 수 없는 이기심에 휩싸여 끔찍한 마음을 먹게 되었습니다.

'이토록 돌아오지 않는 것으로 보아 남편은 죽은 것이 틀림없다. 나 혼자서 어떻게 저 아이들을 뒷바라지하며 살아갈 수 있을까? 아니야, 저 아이들을 위해 남은 생애를 허비하기에는 내 젊음이 너무 아까워. 나도 내 인생이 있지 않은가! 더구나 남편의 유산은 모두 아이들에게 돌아가게 되어 있으니……. 나의 장래에 있어 조리와 속리는 가장 큰 장애물이고 눈엣가시이다. 장애물은 일찍 제거할수록 좋고 가시는 빨리 빼낼수록 좋겠지.'

마침내 새어머니는 아이들을 무인도에 버려 굶겨 죽이기로 작정하고 뱃사공 한 사람을 매수하였습니다. 그리고 아이들에게는 경치 좋고 맛있는 과일이 많은 섬으로 놀러 가자고 꾀었습니다. 너무나 기뻐하는 아이들을 데리고 무인도에 도착한 새어머니는 아이들에게 음식 준비를 하고 있을 동안 섬을 돌아다니며 화초도 꺾고 조개껍질도 주우며 놀도록 하였습니다. 아이들은 새어머니를 조금도 의심하지 않고 섬을 돌아다니며 놀았습니다. 두 아이는 실컷 놀다가 새어머니가 있던 곳으로 다시 돌아왔습니다. 그러나 새어머니는 물론 배도 보이지 않았습니다. 바다 쪽을 쳐다보았을 때 타고 왔던 배가 아득히 멀어지고 있었습니다.

"어머니! 어머니!"

아이들의 애절한 부름을 듣지 못한 듯, 배는 먼 바다 저쪽으로 까마득히 사라지고 말았습니다. 먹을 것이라고는 찾아볼 수 없는 무인도에서 조리와 속리는 굶주림에 시달리며 아버지와 돌아가신 어머니를 생각했습니다. 그리고 어둠이 깔리면 추위와 두려움을 견디기 위해 둘이서 꼭 끌어안고 밤을 지새웠습니다. 그렇게 지내기를 며칠, 기진맥진한 조리와 속리는 비몽사몽간에 돌아가신 어머니가 손짓으로 부르고 있는 듯함을 느꼈습니다. 이제 금생의 생명도 마지막이라는 것을 깨달은 조리는 속리를 붙들고 일어서서 조용히 속삭였습니다.

"속리야, 어머니가 돌아가실 때 '우리를 위해서 사는 사람이 아니라 세상과 중생들을 위해서 사는 훌륭한 사람이 되어야 한다.'고 당부하셨단다. 그런데 우리는 하루도 그렇게 살아보지 못하고 어머니 곁으로 가게 되는구나. 속리야, 우리는 어머니의 유언을 지켜야 한다. 우리가 지금 죽을지라도 영혼일망정 성현이 되고 보살이 되자. 그리하여 고통 받는 이들의 의지처가 되어 그들을 구제하자. 세상에는 부모를 잃고 우리처럼 된 아이들이 얼마나 많겠느냐. 우리는 그들에게 부모의 모습으로 나투어서 감싸 주고, 또는 어린이의 몸을 나타내어 친구가 되어 주자. 세상에는 우리처럼 헐벗고 굶주리는 이들이 무수히 많을 것이다. 그들에게는 부자의 몸을 나타내어 옷과 먹을 것을 주자. 그리고 이 넓은 바다에서 폭풍우를 만나 조난당하는 자가 얼마나 많겠느냐. 우리는 죽은 다음 이 섬의 높은 산에 머물면서 그들을 수호하고 구제해 주자. 또 모든 세계의 중생들 중에는 부처님을 만나지 못해 구제받지 못하는 자가 얼마나 많겠느냐. 우리는 그들 앞에 부처의 몸을 나타내어 구제해 주자.

또 벽지불·성문·범천왕·제석천·자재천·대자재천·천대장군·비사문천·소왕·장자·거사·재관·바라문을 만남으로써 구제받을 수 있는 이가 있으면 그러한 몸을 나타내어 구제해 주고, 비구·비구니·우바새·우바이를 만나야 구제받을 수 있는 이가 있으면 그러한 몸을 나타내어 구제해 주고, 동남·동녀와 천·용 등의 팔부신중과 금강신을 만나야 구제받을 수 있는 이가 있으면 그러한 몸을 나타내어 구제해 주자. 또 병고에 신음하는 자에게는 약왕신의 몸을 나타내어 병을 낫게 해 주고, 흉년이 들어서 굶주리는 자에게는 오곡과 잘 익은 과일을 주어 구제해 주자.……"

조리와 속리는 이처럼 32가지의 원력을 세운 뒤 서로 부둥켜안고 숨을 거두었습니다. 그 뒤 조리는 관세음보살이 되고 속리는 대세지보살이 되어, 때로는 함께 때로는 홀로 그 어떠한 조건도 없이 중생들을 구제하여 깊은 깨달음의 세계로 인도하였습니다.

누구나 억울한 죽음을 당하게 되면 증오하고 욕하며, 깊은 원한을 품기 마련입니다. 그러나 짧은 세월이었지만 훌륭한 어머니의 양육을 받고 자란 소년 조리는 달랐습니다. 사랑하는 어머니의 유언을 생각하고 불쌍한 동생을 달래면서 오히려 '자기들처럼 불쌍한 사람을 보살펴 주며 사는 존재가 되자'는 엄청난 서원을 세웠습니다.

그들은 자신을 해친 이를 향하여 원망을 품는 대신에, 고통받는 모든 이들을 구제해 줄 것을 진심으로 소원하며 숨을 거두었던 것입니다. 이러한 선한 마음과 원력이 모든 것을 바꾸어 놓았습니다. 바로 이것이 관음신앙의 뿌리입니다. 힘없는 그 소년은 한 점 증오심 없는 순결한 소원을 일으켜 크나큰 힘을 얻었고, 마침내는 관세음보살이 될 수 있었습니다. 극심한 고통 속에서 원망보다는 지극한 사랑을 발현시킨 고결한 마음이 있었기에 그 나약했던 어린 조리는 구세대비자(救世大悲者) 관세음보살로 다시 태어날 수 있었던 것입니다.

관세음보살을 의지하여 구원을 얻고자 하는 모든 불자들은 이 조리 소년과 같은 마음가짐을 먼저 배워야 합니다. 조그마한 원망도 없이 운명을 기꺼이 받아들이고, 자기의 소원을 이루기 전에 자기처럼 고통을 받는 사람들을 먼저 구제하겠다는 서원을 세울 수 있어야 합니다.

나의 구원이 아니라 '남'과 '다른 이들'을 위하여 보다 큰 마음을 일으킬 때, 참으로 큰 것이 '나'에게로 돌아오게 된다는 가르침과 믿음! 우리는 이 조리 소년의 이야기가 담고 있는 관세음의 신앙을 결코 잊어서는 안 됩니다. 그리고 관세음보살의 가피를 바라는 이라면 이러한 관세음보살의 근본 서원과 마음을 등져서는 안 됩니다.

만약 나를 생각하고 나의 이름을 부른다면, 나는 어느 곳에 서라도 천 개의 귀를 갖고 들으며 천 개의 눈을 갖고 보아서 그들을 모두 구제할 것이다. 만약 한 사람이라도 아직 고통을 겪는 사람이 있다면, 나는 그들을 모두 완전히 구제할 때까지 영원히 성불하지 않을 것이다.

중생들이 괴로움을 받게 될 때 관세음보살의 이름을 듣고 일심으로 그 이름을 부르면, 관세음보살은 즉시 그 '음성을 관하여' 그들 모두를 괴로움으로부터 벗어나게 하느니라.

관세음보살은 바로 이런 분이십니다. 우리는 관세음보살이 어떻게 관세음보살이 되었는지를 알고, 또한 관세음보살이 어떠한 분이신지를 알고, 그 관세음을 향한 믿음을 잃지 않을 때, 우리의 모든 소원은 관세음의 한없는 큰 힘 속에서 저절로 이루어질 수 있게 될 것입니다.

내 마음의 관세음보살

당송 8대 문장가의 한 사람인 소동파가 불인(佛印) 선사에게 여쭈었습니다.

"그림을 보면 관세음보살께서 염주를 들고 앉아 계신 모습을 볼 수 있습니다. 스님이 염주를 들고 앉아 있는 것은 아미타불이나 관세음보살을 생각하고 명호를 부르기 위함이지만, 관세음보살께서는 무엇을 생각하고 어떤 명호를 부르기 위해 염주를 들고 계신 것입니까?"

"관세음보살은 남에게 무엇을 구하고자 염주를 들고 앉아 계신 것이 아니다. 자기 가운데 있는 자성관음을 생각하며 염주를 들고 앉아 계신 것이니라."

불교를 믿는 이가 부처가 되겠다는 의지를 팽개친 채 신비스런 능력을 듣기 좋게 각색한 이야기에만 관심을 갖는다고 해 봅시다. 그는 시간이 경과할수록 맹신과 공상의 세계로 깊이 빠져들 뿐, 참된 깨우침이나 종교의 본질은 결코 체득할 수 없게 되고 말 것입니다.

대성 관세음보살, 그분에 대한 우리의 믿음 또한 마찬가지입니다. 구세대비자 관세음보살, 그분은 결코 한 인간의 맹신이나 공상이 만들어 낸 창작물이 아닙니다. 고대의 인도인들은 고뇌를 해탈하고자 하는 순수하고도 간절한 염원으로 관세음보살을 신앙하였고,

그 신앙에 감응하는 관세음보살을 생생한 피부로 체험한 뒤 관음신앙을 정착시켰던 것입니다.

이렇게 관세음보살을 마음 깊은 곳에서 체험하는 것, 그것을 일러 '관음신앙'이라고 합니다. 곧 대자대비의 관세음보살과 미혹의 나 사이에 가로놓여 있는 울타리를 제거하여, 스스로가 관세음보살의 품속으로 안기는 듯한 일체감을 실제로 체험하는 것이 관음신앙인 것입니다.

어려움에 처한 중생들을 구제함에 있어 절대적인 힘을 갖춘 관세음보살, 중생의 소원을 꿰뚫어 보고 소원을 이루어 주시는 관세음보살, 그렇기 때문에 우리는 무한한 능력을 갖춘 그분을 믿고 의지합니다. 그러나 관세음보살을 객체적인 존재로만 본다면 그분의 자비는 결코 우리와 함께하지 않습니다.

우리가 우리의 마음속에 관세음보살님을 살게 하고, 모든 혈관 속에 그분의 자비가 흐를 수 있게끔 노력할 때 관세음보살님은 스스로 모습을 나타내십니다. 그러므로 관세음의 가피를 구하는 이는 무엇보다도 내 마음의 거울을 닦아 관세음의 모습과 자비가 또렷하게 비칠 수 있도록 하는 노력을 게을리해서는 안 됩니다.

그렇다면 관세음보살님께 의지하여 우리의 마음 거울을 닦는 방법으로는 어떠한 것이 있겠습니까? 첫째는 관세음보살의 명호를 외우며 예배 공경하는 법(稱名法)이 있습니다. 둘째는 관세음보살의 서원과 자비와 능력을 기록한 경전을 읽고 새기면서 환희심을 일으키는 법(聞名法)이 있습니다. 셋째는 대자비의 성자 관세음보살을 간절히 생각하는 법[念聖法] 등이 있습니다.

이 중에서 자신에게 맞는 방법을 선택하여 꾸준히 실행하면 능히 '내 마음의 거울'에 관세음보살의 자비를 담을 수 있게 됩니다. 그리고 더 나아가 밝고 맑은 마음으로 관세음보살을 간절히 사모하여, 관세음보살과 내가 하나로 합해지는 삼매를 이루게 되면 마침내 삼계를 벗어나는 해탈을 얻고 위없는 깨달음을 이룰 수 있게 되는 것입니다.

실로 고해의 파도를 타고 방황하는 이 사바세계의 우리들 중생에게는 자비의 빛으로 모든 생명을 비추어 주고 구원해 주는 관세음보살이 계시다는 것 자체만으로도 크나큰 다행이 아닐 수 없습니다. 그런데 한 걸음 더 나아가 '나무관세음보살'을 부르고 그분의 대자대비에 의지하여 산다면 그보다 더 마음 든든하고 큰 행복이 어디에 또 있겠습니까!

그러므로 우리는 배고픈 어린 아기가 어머니를 찾듯이, 병자가 훌륭한 의사를 찾듯이 간절한 마음으로 믿음을 일으켜 관세음보살님께 의지하기만 하면 됩니다. 오로지 일심으로 귀의해야 합니다. 이렇게 일심으로 귀의하여 받들다 보면, 저절로 관세음보살님의 가피를 받을 것입니다. 오직 어머니를 따르는 갓난아기처럼 천진한 마음으로 관세음보살님을 따르고 일념으로 귀의해 보십시오. 어머니가 어린아이를 책임지듯이 관세음보살님도 우리와 하나가 되어 우리를 돌보아 주십니다.

관세음보살이라고 할 때의 '볼 관(觀)'자는 그냥 눈으로 본다는 뜻이 아닙니다. 마음으로 보는 것입니다. 관세음을 외우는 우리 또한 입으로 외우고 눈으로 관세음보살을 보는 것이 아니라, 마음으로 외우고 마음으로 보아야 합니다. '세상의 소리를 관찰한다'는 뜻의 '관세음'도 마찬가지입니다. 그분은 귀로 듣는 것이 아니라 마음으로 중생의 소리를 듣고, 눈으로 보는 것이 아니라 마음으로 중생을 보는 것입니다. 그러므로 관세음보살의 자비와 가피를 구하는 이는 한마음, 곧 일심이 되지 않으면 안 되고, 일심을 이루기 위해서는 일념으로 기도해야 합니다. 일념은 특별한 것이 아니라 바로 간절함입니다. 그렇다면 간절함이란 구체적으로 어떤 것이겠습니까? 다음한 편의 실화가 관음정진의 간절함을 잘 말해 줄 것입니다.

《불교》라는 잡지의 1924년 7월 창간호에는 〈저승에서 다시 인간세상으로〉라는 제목의 신행 영험담이 수록되어 있습니다. 이 영험담의 주인공인 원각화 보살은 서울 대각사의 신도로서, 일찍이 남편과 사별하고 외동딸 순득이를 키우며 살았습니다. 원각화 보살은 7일에 한 번씩 백용성 스님께서 설법하는 대각사 법회에 참석하였고, 평소에도 관세음보살 염불을 잊지 않았습니다. 이러한 원각화 보살에게 뜻하지 않은 시련이 닥쳐왔습니다. 금쪽 같은 딸 순득이가 16세가 되던 해 12월에 병을 얻은 것입니다. 처음 감기처럼 시작한 병은 폐렴으로 악화되더니, 심한 기침과 고열이 계속되면서 온몸에 고름이 흐르면서 점점 사경 속으로 빠져드는 것이었습니다. 종합병원에 입원을 시켜도 순득이의 병은 낫지 않았고, 명의라는 명의는 다 찾아다니며 온갖 약을 써 보았으나 효험이 없기는 마찬가지였습니다. 마지막 방법으로 수술을 해 보자는 의견이 대두되었습니다. 하지만 수술을 하고자 해도 환자의 몸이 쇠약할 대로 쇠약해져 있어 성공하기 어렵다는 것이었습니다.

수술을 해야 할 것인가, 말아야 할 것인가? 원각화 보살은 기로에 놓이게 되었습니다. '수술이 그토록 위험하고 가능성이 없다면, 이제 의지할 분이라고는 관세음보살님밖에 없다'고 생각한 원각화 보살은 딸을 대각사로 업고 가서 법당 바닥에 누여 놓고 기도를 시작하였습니다. 죽더라도 관세음보살님의 명호를 들으면서 죽게 하겠다는 각오로 '관세음보살'을 애타게 부르고 또 불렀습니다. 그야말로 일념의 기도, 간절한 기도를 시작한 것입니다. 그러던 어느 날, 깊이 잠들어 있던 딸이 부르짖었습니다.

"싫어요, 가기 싫어요. 저는 어머니와 함께 살래요."

원각화 보살은 딸을 급히 깨웠고, 순득이는 거친 숨을 몰아쉬며 꿈 이야기를 하였습니다.

오색찬란한 가마 하나가 누워 있는 순득이 앞으로 다가오더니, 가마에서 관세음보살님이 내려 말씀하셨습니다.

"순득아, 나랑 이 가마를 타고 가자꾸나."

"관세음보살님, 저는 어머니를 두고 갈 수 없습니다. 저는 어머니와 함께 살아야 합니다."

순득이가 거듭거듭 고집을 부리자 관세음보살님은 측은한 표정을 지어 보이며 말씀하셨습니다.

"순득아, 너의 정해진 수명은 17세란다. 하지만 너의 효성이 지극하고 어머니의 신심이 돈독하니 명을 연장시켜 주지 않을 수 없구나."

그러고는 가마도 관세음보살님도 홀연히 사라졌습니다. 순득이의 꿈 이야기를 들은 원각화 보살은 감격의 눈물을 흘리며 더욱 열심히 관세음보살님을 찾았고, 며칠 후 관세음보살님은 원각화 보살에게도 현몽하였습니다.

"순득이의 병을 완전히 고치려면 감로수를 마셔야 한다. 감로수는 삼청동 성벽 밖의 절 뒤쪽에 있는 석벽과 석벽 사이에서 솟아 나오느니라."

이튿날 원각화 보살은 삼청동으로 가서 하루 종일 감로수를 찾았으나 발견할 수 없었습니다. 피로에 지친 그녀는 잠시 바위 위에 주저앉았는데 마침 바위 앞쪽으로 배어 나오는 물기를 발견할 수 있었습니다. 급히 그곳을 파서 웅덩이를 만든 다음 고여 드는 물을 떠다가 딸에게 먹였지만 효험이 없었습니다.

원각화 보살은 다시 감로수를 찾기 위해 매일 삼청동 뒷산으로 올라갔습니다. 입으로는 끊임없이 관세음보살님을 외우며 감로수를 찾아 헤맨 지 일주일, 마침내 원각화 보살은 북악산 정상 부근에서 물이 흘러나오는 석벽을 찾아냈습니다. 맑고 정갈한 물이 분명히 돌 틈에서 솟아나고 있었습니다.

원각화 보살은 관세음보살님께 감사드리며, 그 물을 담아다가 딸에게 먹였습니다. 그리고 물로 몸을 씻어 주기도 하였습니다. 10여 일이 지나자 딸의 엉덩이에서 흐르던 고름이 멎었고, 얼굴에는 핏기가 돌기 시작했습니다. 그리고 또다시 10여 일이 지나자, 순득이의 병은 완치되었습니다. 의사가 병을 고쳐 준 것이 아니라 어머니의 일념에 감응한 관세음보살님께서 고쳐 준 것입니다.

관세음보살님은 바로 이런 분입니다. 우리가 간절히 부르기만 하면 반드시 나타나서 우리의 소원을 들어주십니다. 기도를 할 때는 진실로 내 마음으로부터 우러나서 간절하게 기도하면 틀림없이 불보살님의 가피를 받을 것입니다.

제 6 장

관음기도
이야기

보덕각시 이야기

때는 지금부터 약 1,200년 전 중국의 당나라 헌종황제 11년이고, 장소는 당나라의 서울 장안에서 멀지 않은 합서라는 곳이었습니다. 당나라 때는 온 나라가 불교를 열심히 믿던 때이기도 했지만 특히 이곳은 불교의 감화가 널리 퍼져서 불교를 믿는 사람들이 매우 많았습니다. 그래서 집집마다 재일(齋日)을 잘 지키고 또한 오계를 지키는 이들이 많았습니다. 그런데 그곳 사람들은 대부분 불교신앙 중에서도 관세음보살을 믿었습니다.

그러던 어느 날 나이 지긋한 할머니 한 분이 열대여섯 살쯤 된 예쁜 딸을 하나 데리고 이 마을로 이사를 왔습니다. 요즈음은 사람들이 시도 때도 없이 자주 이사를 다니지만 예전의 농경사회에서는 땅이 없어 가난한 사람들이나 이사를 다니지 대부분은 한 곳에서 정착생활을 했습니다. 또한 농사를 짓는 사람들은 멀리 타지로 돌아다닐 일도 별로 없어서 자신들이 살고 있는 곳 밖에 대해서는 잘 모르고 살았습니다.

마을 사람들은 이들이 어디서 왔는지 무엇을 하다가 왔는지 전혀 알 수 없었습니다. 다만 그 딸의 이름이 '보덕'이고 보타낙가산이라는 곳에서 살다가 왔다는 사실밖에 몰랐습니다. 그런데 할머니의 딸 보덕이는 너무나 예쁘고 아름답게 생겼습니다. 뿐만 아니라 기품도 우아하고 행동도 얌전하여 보덕이를 보는 사람은 금방 그 자리에서 반해 버리고 말 정도였습니다. 동네 사람들은 보덕이를 한번 보면 돌아갈 줄 모르고 몇 시간이고 눌러 앉아 쳐다보느라고 정신이 없었습니다. 어떤 청년들은 밥시간이 된 줄도 모르고 하루 종일 보덕이를 쳐다보며 돌아갈 줄을 몰랐습니다. 중국 사람들은 아주 아름다운 미녀를 보면 '선녀' 같다고 하고 '항아' 같다고 하고 '서왕모' 같다고 합니다. 그런데 이 보덕은 이들을 합쳐 놓은 듯 달처럼 둥근 얼굴에 반달 같은 눈썹이며 앵두 같은 입술에다가 복스럽게 생긴 코 하며 어느 하나 어느 한 군데도 나무랄 데가 없는 타고난 미녀였습니다. 그래서 마을 사람들은 만나기만 하면 보덕이 이야기를 하면서 보덕이를 보덕각시라고 불렀습니다.

보덕각시는 얼굴만 아름다운 것이 아니라 바느질이라면 바느질, 요리라면 요리, 집안일이라면 집안일, 어른 모시는 법은 물론 글씨와 문장까지 그야말로 글자 그대로 팔방미인이었습니다. 너무나 특출하고 탁월한 인물과 솜씨와 성품이었기에 보덕각시의 소문은 금방 이웃마을까지 번져 나갔습니다.

보덕각시의 소문을 들은 이웃마을 사람들은 합서마을로 찾아와 보덕각시의 집 부근에 매복을 하고 있다가 보덕각시가 집 밖으로 나오기만 하면 우루루 달려나가 기웃거리고 따라다니며 야단법석이었습니다. 드디어 동네 청년들 중에는 보덕각시 때문에 병이 나서 드러눕는 자들까지 생겨났습니다. 집에 아들을 자식으로 둔 사람들은 너도나도 매파를 넣어 보덕각시를 며느리로 맞이하고자 야단이었습니다. 사람들은 서로 경쟁이 되어 금전으로 달래기도 하고 지위나 문벌로써 으스대기도 하면서 서로 힘을 다해 보덕각시를 데려가고자 애를 썼습니다. 이제 경쟁심이 하도 심각하여 만일 보덕각시를 데려가지 못하는 집안에서는 무슨 일이 나도 단단히 나고 말지 않겠느냐는 우려가 들 정도였습니다. 또한 보덕각시를 데려가게 되는 그 집안이 무사하기나 할지도 걱정이 될 정도였습니다.

사람들의 경쟁심이 이 정도에 이르자 보덕각시의 어머니도 은근히 걱정이 되었습니다. "애야, 보덕아. 신부감 하나에 신랑감이 수백 명이니 이것도 정말 걱정이로구나."라고 말했습니다. 그러자 보덕은 "어머니도 참, 별 것을 다 걱정하십니다. 수백이면 어떻고 수천이면 또 어떻습니까? 그런 걱정일랑 조금도 마십시오."라면서 아주 당차게 말하는 것이었습니다. 그러자 어머니는 "규중의 얌전한 처녀가 그게 무슨 당돌한 말이냐. 행여 남들이 들을까 겁난다. 너 때문에 지금 자칫하면 이 고장에 큰 싸움이 날지도 모르는데 그런 소리 말고 조심 하거라." 하고 말했습니다. 어머니께서 자신 때문에 근심하는 것이 딱하다고 생각한 보덕은 "어머니는 염려하지 마십시오. 제가 다 알아서 처리하겠습니다."라고 하며 안심을 시켰습니다. 그러나 어머니는 하루에도 수십 명의 매파들이 드나드는 것을 보며 보덕의 말만을 믿을 수 없어 근심걱정이 이만저만이 아니었습니다.

그러던 어느 날 보덕은 수시로 드나드는 매파들을 보고, 이렇게 따로 따로 드나들지 말고 어느 날 모두 한꺼번에 와 달라고 하였습니다. 모든 매파들은 중대한 선언이 있을 줄 알고 한날한시에 한꺼번에 몰려왔습니다. 그때 보덕은 몰려온 수백 명의 매파들을 보고 말하였습니다.

"규중처녀로서 부끄럽고 외람된 말입니다만, 여러분들이 아시다시피 시집 갈 색시는 하나뿐인데 장가를 오겠다는 사람은 수백이니 이를 어쩌면 좋겠습니까? 더구나 저 때문에 이미 아파 드러누운 총각들도 여럿이고 게다가 만일 저를 데리고 가는 집은 가만두지 않고 망하도록 만들고야 말겠다고 공공연히 다짐을 하고 다닌다니 저로서도 참으로 송구하지 않을 수가 없습니다. 이 고장의 평화를 위해서도 이런 사태를 어떻게든 해결해야지 그냥 오래 버려 둘 수는 없을 듯합니다. 그래서 제가 신랑 후보들 중에서 한 사람을 공개적으로 시험을 보아 선택하겠습니다. 그래야만 나중에 다른 소리가 안 나올 것 아니겠습니까? 그러니 제 신랑이 되고 싶은 사람들은 다음 장날 이시(巳時)에 장터의 공지로 모두 나오도록 일러 주십시오."

보덕각시의 이런 말은 삽시간에 온 동네에 전해져 신랑감 후보들이 마음을 졸이기 시작했습니다. 약속한 때가 되자 드디어 매파들과 신랑감 후보들이 장터로 모여들기 시작했습니다. 보덕각시는 장터의 한가운데 있는 큰 느티나무 밑에 광대들이 연극을 하던 무대 위로 올라가 모인 사람들에게 큰 소리로 외쳤습니다.

"여러분, 이처럼 변변치 못한 소녀를 위하여 이토록 많은 분들이 와 주시니 고마운 마음을 이루 다 말할 수가 없습니다. 그러나 여러분들이 보시다시피 저 한 사람으로서는 여러분들의 소원을 다 이루어 드릴 수가 없습니다. 그래서 모든 분들이 납득하실 수 있도록 공평정직하게 시험을 치르고 그 결과에 따라 제가 시집을 가겠습니다. 제가 지금 여러분들에게 책을 한 권씩 나누어 드리겠습니다. 저는 제가 지금 나누어 드리는 이 책을 오늘 오전 중에 다 외우는 분에게 저의 일생을 의탁할까 합니다."

모인 신랑 후보들은 물론 군중들까지도 보덕각시의 그 우아한 자태를 보고 은쟁반에 옥구슬 구르는 듯 낭랑한 목소리와 폭포수같이 거침없는 말솜씨를 듣자 그만 몸과 마음이 모두 황홀해졌습니다. 모두들 득달같이 달려들어 나무 밑에 쌓여 있던 책을 한 권씩 집어 들고 보니 그것은 〈관세음보살 보문품〉이었습니다. 보덕각시에게 마음을 빼앗겨 버린 사람들은 물 속이나 불 속에 뛰어들라고 해도 마다하지 않을 판국인데 책을 외우라고 하니 그 자리에서 저마다 자리를 잡고 앉아서 무조건 외워 대기 시작하였습니다.

수백 명의 사람들이 갑자기 장터에서 〈관세음보살 보문품〉을 외워 대기 시작하자 이곳은 장터가 아니라 마치 큰절의 법당처럼 되고 말았습니다. 수백 명의 총각들이 정성을 다해 한마음으로 집중하여 〈보문품〉을 외워 대는 소리가 마치 극락세계의 불국토처럼 느껴졌습니다. 그곳에 모인 수천 명의 군중들은 순식간에 벌어진 이 같은 광경을 보고 경탄을 금치 못했습니다.

드디어 정오가 되자 보덕각시는 징을 크게 쳐서 외우기를 멈추게 하고 책을 모두 수거하였습니다. 그리고 신랑 후보들은 한 사람씩 눈을 지그시 감고 앉아 있는 보덕각시 앞에 나와 〈보문품〉을 외우기 시작했습니다. 그런데 그 수백 명의 신랑 후보들 가운데서 그 시간에 〈보문품〉을 한 자도 틀리지 않고 외워 낸 사람들이 오십 명이나 나왔습니다. 왜냐하면 앞에서 이미 말씀드렸던 것처럼 그 마을 사람들은 이미 전부터 관음신앙을 가지고 있었기 때문에 〈관세음보살 보문품〉을 평소에 읽어 오던 사람들이 적지 않았기 때문이었습니다. 모든 사람들의 시험이 끝나자 보덕각시는 다시 무대에 올라서서 말했습니다.

"여러분들께서 미천한 저를 위하여 이렇게도 열심히 경을 외워 주시니 감사한 마음 이를 데 없습니다. 다 외우신 분들은 남아 주시고, 이 경을 다 외우지 못하신 분들은 저로서도 별 도리가 없으니 너무 섭섭하게 생각하지 마시기 바랍니다."

수백 명의 낙제한 총각들은 모두 비관할 수밖에 없었으나 그래도 보덕각시를 가까이서 정면으로 볼 수 있었고 음성도 친히 들을 수 있었기에 그것만으로도 영광으로 여기고 물러났습니다. 그러나 그들 역시 아주 물러가지 못하고 주변을 다시 둘러싸고 진행되는 상황을 지켜보고자 하였습니다. 보덕각시는 남은 오십 명의 후보자들을 보고, 아름다우면서도 우아하고 그러면서도 감히 쉽게 넘볼 수 없는 그런 기품이 넘치는 목소리로 말했습니다.

"자, 이제 여러분들은 모두 〈관세음보살 보문품〉을 훌륭하게 외웠습니다. 그러나 다 외우신 분들이 오십 명이나 되시니 제 한 몸을 오십 조각으로 낼 수도 없고, 또 여러분을 모두 남편으로 모실 수도 없으니 저 또한 어쩔 도리가 없습니다. 그러니 여러분들께서 다시 한 번 수고를 해 주시는 수밖에 없겠습니다. 제가 다시 책 한 권을 내어 드릴 터이니 이것을 내일 아침까지 다 외우시는 분에게 시집을 가도록 하겠습니다."

그러면서 보덕각시가 내놓은 책은 《금강반야바라밀경》이었습니다. 〈관세음보살 보문품〉을 단 몇 시간 만에 외워 낸 오십 명은 다들 보통 능력과 보통 신심이 있는 사람들이 아니었습니다. 그러나 이들에게도 《금강경》을 하룻밤 만에 외워 낸다는 것은 보통 어려운 일이 아니었습니다. 《금강경》은 〈보문품〉에 비해 양이 배나 되고 내용도 더욱 심오하기 때문입니다. 그러나 아름답기 그지없고 지혜롭기 더할 나위 없으며 덕망까지 갖춘 보덕각시를 색시로 얻을 수만 있다면, 목숨이라도 걸고 싶은 이들은 주저 없이 단박에 《금강경》을 외우기 시작했습니다. 오전에 수백 대중이 〈보문품〉을 외울 때는 그 장엄한 소리와 광경이 그야말로 장관이었으나, 지금은 오십 명으로 줄어들기는 했지만 그들에게서 뿜어져 나오는 열기는 더욱 치열했습니다. 일심으로 집중하여 눈을 지그시 감고 몸을 좌우로 흔들면서 끊임없이 반복하여 《금강경》을 외우는 그들의 모습은 자 못 감동적이기까지 했습니다.

이윽고 저녁 해거름이 되어 책을 거두고 시험을 보자 이번에는 사십 명이 탈락을 하고 열 명이 남았습니다. 보덕각시는 뽑힌 열 명 을 모아 놓고 말했습니다.

"말씀드리지 않아도 잘 아시겠지만, 또 열 분이나 뽑히셨으니 제 한 몸으로 여러분들을 다 모실 수는 없습니다. 참으로 어려운 일입 니다. 이제 어떻게 하면 좋겠습니까? 무슨 좋은 방법이 있으면 여러 분들께서 말씀해 주십시오."

그러나 보덕각시의 이러한 말에 《금강경》을 다 외워낸 열 명의 후 보자들 중 그 누구도 선뜻 말문을 열지 못하고 모두 묵묵부답으로 눈만 껌뻑거릴 뿐이었습니다. 보덕각시는 수백 명 중에서 뽑힌 이들 가운데 다시 최후의 한 사람을 뽑기 위해서는 여간 어려운 문제를 내지 않으면 안 되겠다고 생각했습니다. 그래서 마지막 한 사람을 뽑기 위해서는 한 권의 책으로는 안 되고 여러 권으로 된 책을 외 우도록 해야겠다고 생각한 보덕각시는 다시 말했습니다.

"여러분들, 이렇게 아무 말 없이 앉아 있기만 해서는 일이 해결되 겠습니까? 어떻게 해서든 새로운 방법을 찾아야 하지 않겠습니까? 그래서 미안하지만 이번에는 일곱 권으로 된 《법화경》 한 질을 드 릴 터이니 이것을 사흘 안에 외워 보십시오. 이것을 해 내는 분이 계시다면 저는 서슴없이 그분을 저의 낭군으로 모시겠습니다. 여러분들의 뜻은 어떠하십니까?"

보덕각시가 이렇게 말하자, 열 명의 후보자들 중 한 명이 나서서 "저희들이야 어떤 문제든 낭자께서 하라는 대로 할 뿐 따로 생각이 있을 수가 없습니다. 어서 책을 주십시오."라고 재촉하였습니다. 그러자 나머지 아홉 명도 예외 없이 이구동성으로 찬성하였습니다. 《법화경》 일곱 권을 가지고 각자의 집으로 돌아간 이들은 또다시 사흘 동안 밥도 안 먹고 잠도 안 자고 오로지 이 세상 최고의 미녀를 신부로 얻겠다는 일념으로 지극 정성으로 《법화경》을 외우기 시작했습니다. 보통 사람들 같으면 배가 고프고 잠이 와서 하루 이틀을 넘기기 힘들었을 것입니다. 그러나 경쟁이 붙은 이들은 마치 삼매에 빠진 사람들이 시간이 가는 줄 모르고, 옆에서 누가 뭐라고 해도 알아듣지 못하는 것처럼 오로지 독경에만 빠져들어 갔습니다.

드디어 사흘이 지나고 열 사람은 차례차례 보덕각시 앞에 나아가 《법화경》을 외우기 시작했습니다. 그러나 모든 사람들이 중간에 머뭇거리거나 생각이 안 나서 머리를 긁적거리며 물러나는데, 오로지 한 사람, 이웃 마을의 지체 높은 마대감의 아들 '마성'이라는 청년은 입에 기름을 바른 듯 단 한 번의 더듬거림도 없이 일곱 권의 《법화경》을 처음부터 끝까지 마치 폭포수가 쏟아져 내리듯 줄줄 이어서 외워 내었습니다. 경쟁에 참가했던 모든 사람들도 마성의 재주가 너무나 탁월하고 출중하여 어떠한 이의도 제기하지 못한 채, 그저 그가 보덕각시의 유일한 신랑감이 된 것을 당연히 여기고 축하

할 수밖에 없었습니다.

　이러한 소문이 온 사방에 퍼져 나아가자 모든 사람들이 마성의 천재성에 감탄하고 두 사람이 천생배필로 만났음을 인정하였습니다. 마씨 집안에서는 보기 드문 신부 감을 만천하의 사람들 앞에서 공개리에 얻은 것을 크게 기뻐하여 문중 차원에서 성대한 결혼식을 올리고 온 고장 사람들이 와서 즐길 수 있도록 큰 잔치를 베풀기로 하였습니다.

　이제 만반의 준비가 끝나고 정해진 날짜에 신랑의 집에서 결혼식을 거행하니, 온 고을의 사람들이 이 절세미녀와 천재적 청년과의 결혼식을 보러 오느라 인산인해를 이루었습니다. 드디어 예식이 시작되고 신랑 신부는 혼례복으로 갈아입고 식장으로 입장하였습니다. 혼례가 착착 진행되고 이제 신부가 신랑을 향해 절을 하려고 하는 찰나였습니다. 그런데 신부가 절을 하다 말고 "아이고 배야!" 하면서 앞으로 폭삭 거꾸러지는 것이었습니다. 옆에서 시중드는 사람들이 놀라 신부를 일으켜 세웠지만 도대체 신부가 두 발로 일어서지를 못할 뿐더러 아예 정신을 차리지 못하는 것이었습니다. 사람들은 신부를 별실로 데리고 가서 뉘었습니다. 그런데 신부는 점점 더 얼굴이 시퍼래지더니 서서히 창백하게 변해 가기 시작했습니다. 그러던 신부가 갑자기 가는 눈을 뜨더니 모기만한 목소리로 "나는 본시부터 신병이 있어서 이런 것이니 놀라지 마십시오. 좀 있으면 나을 것이니 안심하시고 저를 혼자 있게 두고 다들 밖으로 나가 주십시오."라고 말하는 것이었습니다. 사람들은 신부의 말을 믿고 그녀를 편안하게 누여 놓은 뒤 모두 밖으로 나왔습니다.

그러나 시아버지가 될 마대감은 안심하지 못하여 약을 짓고 침을 준비하며 의사를 불렀습니다. 의사가 당도하여 방문을 열려고 하였으나, 방문이 안으로 굳게 걸려 있어 도대체 열리지가 않았습니다. 그런데 갑자기 방 안에서 풍악소리와 함께 염불소리가 흘러나오기 시작했습니다. 신랑의 아버지 마대감은 크게 노하며, "지금 신부가 죽어가고 있는데 풍악이 무엇이고 노래가 무엇이오." 하면서 문을 부수고 들어갔습니다. 그러자 갑자기 풍악과 염불소리가 그치고 방 안에는 신부 혼자 가만히 누워 있는 것이 보일 뿐 다른 것은 아무 것도 없었습니다. 정신을 차리고 사방을 둘러보니 방 안에는 상서로운 향내가 진동하고 다시 은은한 음악소리가 들려오는 중에 신부는 희미한 미소를 띤 채 자는 듯이 누워 있었습니다. 그래서 며느리가 정말로 잠이 들었나 싶어 가까이 가서 숨소리를 들어본즉 신부는 완전히 숨이 끊어져 죽어 있었습니다.

마대감은 깜짝 놀라 아들 마성을 불러 신부의 몸을 만져 보라고 했습니다. 신부의 몸은 이미 싸늘하게 식어 가고 있었습니다. 또한 마성이 손을 대자 순식간에 신부의 몸이 검푸른 색깔로 변하면서 썩어 들어가기 시작했습니다. 마성은 이 모습을 보고 너무나 놀랍고 원통해서 그 자리에 쓰러지면 울부짖었습니다.

"이보소, 보덕각시여! 이것이 도대체 꿈이요, 생시요? 그대가 직접 나를 선택하시더니 어찌 이렇게 갑자기 떠난단 말이오? 나는 그대를 얻기 위해 혼신의 힘을 다했건만 그대는 어찌 이리도 허망하게 나를 버리고 갈 수가 있단 말이오?"

사람들은 결혼식 마당에서 급사한 신부의 시체에 엎드려 한탄해 마지않는 신랑의 사설을 듣고 함께 눈물을 흘리지 않는 이가 없었습니다. 한껏 축제 분위기에 들떴던 결혼식장은 갑자기 울음판으로 변하고 축하의 결혼식장은 순식간에 장례식장이 되고 말았습니다. 사람들은 "예전부터 미인박명이라고 하더니, 그토록 선녀같이 어여뻤으니 이렇게 요절하는 것이 어쩌면 팔자인지도 모르지."라고 중얼거리며 절세 남녀의 슬픈 운명을 생각하고 흐르는 눈물을 닦을 수밖에 없었습니다.

생각해 보면 참으로 가엽고, 비참하고, 허망한 일이었습니다. 마성은 불과 며칠 전까지만 해도 온 세상 사람들이 그토록 갈망하던 절세미녀를 얻었는데 순식간에 홀아비가 되고 말았으니, 참으로 생겨났다 금방 흩어지고 마는 뜬구름 같은 인생이고, 새벽에 풀잎에 맺혔다가 해가 뜨면 금방 사라지고 마는 이슬 같은 인생이 아니고 무엇이겠습니까? 사람들은 말로는 다들 이렇게 말하지만 실제로 실감을 못하다가 이제 눈앞에서 이토록 갑작스런 일을 목격하자 저마다 가슴 속에서 이러한 이치를 확연하게 깨달을 수 있었습니다. 보덕각시는 이 세상 어떤 것도 영원한 것은 없다는 무상관(無常觀)과 아무리 아름다운 것도 결국은 썩어 없어지고 만다는 부정관(不淨觀)을 몸소 보여 주고 간 것입니다.

혼인잔치에 쓰려고 준비했던 음식들은 그대로 장례음식이 되었고 혼례복을 그대로 수의(壽衣) 삼아 장례를 치렀습니다. 그리고 멀지 않은 곳 길가의 동산에 보덕각시를 묻어 주었습니다. 신랑 경쟁에 참여했던 많은 청년들은 아름다웠던 보덕각시를 잊지 못하고 보덕각시의 무덤에 북을 돋워 주고 떼를 입혀 주는 등 안타까워하는 이들이 많았으며, 지나가는 행인들도 한 번씩 들러 가지 않는 이가 없었습니다.

그런데 이렇게 폭풍이 휩쓸고 지나간 듯한 사건이 이 마을을 흔들고 지나간 뒤 얼마 되지 않아, 자신의 키보다 더 큰 석장(錫杖)을 들고 선풍도골(仙風道骨)의 풍채를 지닌 점잖은 노스님 한 분이 이 마을을 지나가게 되었습니다. 그는 마을에 들어서는 대로 바로 마대감의 집으로 들어갔습니다. 노스님은 마성에게 물었습니다.

"여보시오. 실례입니다만 말씀 좀 묻겠습니다. 얼마 전 이 댁에서 보덕각시라는 이름의 미인이 갑자기 죽은 일이 없습니까?"

"아니, 스님은 멀리서 오신 듯한데 그걸 어찌 아시오?"

"나는 여기서 그리 멀지 않은 절에서 사는 중인데 가엽게 요절한 그분을 위해 불경이라도 한 줄 읽어 주려고 왔으니, 그분의 산소가 있는 곳을 좀 일러 주시오."

마성과 함께 보덕각시의 무덤에 다다른 노스님은 석장을 짚고 염불을 하는 체하더니 갑자기 "저기 저 서광을 보시오!"라고 소리쳤습니다. 여러 사람들이 일제히 스님이 가리키는 쪽을 바라보니 무덤의 한복판에서 갑자기 무지개 같은 서기광명이 뿜어져 나오는 것이었습니다. 노스님은 이 서광을 향하여 세 차례 절을 하고 나서는 마성에게 괭이를 가지고 와서 무덤을 파 보라고 하였습니다. 마성이 괭이를 가지고 오자 온 동네 사람들이 이 소문을 듣고 마구 몰려왔습니다. 마성이 무덤을 파헤치니 며칠 전에 묻었던 보덕각시의 시신은 간 곳이 없고 금동으로 된 자그마한 불상 하나가 광명을 놓고 있었습니다. 이때 놀란 군중들을 향해 노스님이 외쳤습니다.

"여러분, 보십시오. 이 금불상은 그 보덕각시 미인의 해골입니다. 그러면 그 미인은 누구고 이 금불상은 누구겠습니까? 잘 들으시오. 보덕각시와 이 금불상은 바로 대성자모 관세음보살님입니다. 대성자모 관세음보살님이 여러분들의 업장이 두터운 것을 불쌍하게 여기고 미인의 모습으로 화현하시어 여러분들에게 불경을 외우는 수승한 인연을 맺게 한 것입니다. 여러분들은 관세음보살님을 친견하신 것입니다. 그러니 여러분들은 이 인연을 기회 삼아 더욱 분발하고 노력하여 신심을 돈독히 하고 대작불사를 펴시기 바랍니다."

노스님께서 이렇게 간곡하게 말하자 이 말을 들은 군중들은 모두 너나 할것없이 합장하고 '나무관세음보살'을 부르며 북받쳐 오르는 신심과 환희를 누를 수 없었습니다. 대중들이 환희용약하는 것을 본 노스님이 짚고 있던 석장을 하늘로 던지니 석장은 순식간에 사자로 변하였고 노스님은 사자를 타고 허공으로 솟구쳐 올라 멀리 사라졌습니다. 그리고 노스님이 사라지는 먼 허공에서 아득한 목소리가 들려왔습니다.

"보덕각시는 관세음보살이고, 보덕각시의 모친은 문수보살이요, 이 몸은 보현보살입니다. 이 합서 지방의 사람들이 유달리 불심이 장한 고로 우리 세 성인이 왔다 가는 것입니다. 앞으로 마성은 해동 조선국에서 다시 만나 볼 기회가 있을 것이오."

보현보살은 이러한 말씀을 남기고 허공 속으로 완전히 사라졌습니다. 천하 절세 미녀의 남편이 될 뻔했다가 만 마성은 신부가 갑자기 급사하는 것을 보고는 그보다 더할 수 없는 인생의 무상을 느꼈습니다. 또한 그보다 더 아름다울 수 없던 미녀의 몸이 숨이 떨어지자 금방 시커멓게 썩어 들어가는 것을 보고는 인간의 육신에 대한 부정(不淨)함을 통렬하게 깨달았습니다. 인생에 대한 무상함과 인간에 대한 부정함을 절실하게 깨달은 마성은 장례를 치르자마자 출가하여 스님이 되고자 하였습니다. 그런데 보덕각시의 무덤을 파헤치고 보현보살을 친견하게 된 마성은 아예 자신의 집을 고쳐서 절로 만든 뒤 보덕각시의 무덤에서 파낸 관세음보살상을 모시고, 그곳에서 머리를 깎고 관세음보살 염불과 참선으로 여생을 보내기로 하였습니다.

그리하여 그 관음불상을 모시고 천하의 성지와 명승지를 찾아다니며 만행을 나섰습니다. 그러다 마침내 우리나라 금강산까지 오게 되었습니다. 금강산의 절경에 매료된 마성은 그곳의 작은 석굴 속에서 관세음보살 염불과 참선을 하면서 말년을 보내다가 그곳에서 생을 마쳤습니다.

자, 이야기가 여기서 끝날 것 같지요? 아직 안 끝났습니다. 보현보살은 마성을 앞으로 해동 조선국에서 만날 것이라는 수기를 남겨

두었기 때문입니다. 이제 중국사람 마성이 한국에서 살게 되는 이야기가 계속됩니다.

금강산에서 생을 마친 마성은 다음 생에 신라에 태어나 다시 스님이 되고 왕사까지 되어 법호를 '회정대사'라고 하였습니다. 회정대사는 번화한 신라의 서울 서라벌에서 너무 오랫동안 수행을 놓고 살았다는 생각에 재발심하여 다시 금강산으로 들어갔습니다. 회정대사는 금강산 송라동의 송라암에서 《천수경》의 신묘장구대다라니를 매일 매일 정성스럽게 외웠습니다. 그렇게 하기를 마침 10년이 되는 날 허공에서 벽력 같은 천둥이 친 다음, "회정아, 회정아, 네가 대도를 성취하려거든 하루바삐 이 암자를 떠나서 저 남쪽을 향해서 가거라. 그리하여 '몰골옹'과 '해명방'을 찾아서 대도를 배우도록 하라."는 소리가 들렸습니다.

회정대사는 그 길로 행장을 꾸리고 남쪽을 향하여 내려왔습니다. 회정대사는 강원도 양구에 있는 방산이라는 곳에 도달하여 큰 재를 넘다가 그만 날이 저물었습니다. 깊은 산중에서 날이 어두워 길을 찾지 못하고 이리저리 헤매다가, 먹지도 못하고 지칠 대로 지쳐 모든 것을 포기하고 쓰러지려는 참에 멀리서 깜빡깜빡하는 희미한 불빛을 발견하였습니다. 죽을힘을 다해서 겨우 불빛을 찾아가니 인적도 없는 깊은 산중에 다 쓰러져 가는 웬 초가집이 한 채 덩그마니 서 있었습니다. 사람을 부르니 부스스 문이 열리며 백발이 성성한 웬 노인이 나와 기다렸다는 듯이 반갑게 맞이해 주었습니다.

삶은 감자 몇 개로 허기를 면한 회정대사는 "소승은 금강산 표

훈사 밑에 있는 송라암에서 오는 회정이라는 중입니다. 깊은 산속에서 길을 잃어 꼭 죽게 되었는데 영감님을 만나 이렇게 살아났으니 참으로 감사합니다. 그런데 영감님은 어찌 이렇게 깊은 산속에서 가족도 없이 홀로 살고 계십니까? 그리고 참 존함은 어떻게 되시는지요?" 하고 물었습니다. 그러자 노인은 "나같이 이렇게 산중에서 땅이나 뒤지고 사는 노인네가 이름이 있은들 무엇하겠소?' 하고 겸손하게 말하는 것이었습니다. 그러자 회정대사는 "천만의 말씀이십니다. 영감님은 저의 목숨을 구해 주신 생명의 은인이십니다. 앞으로 부모처럼 생각하겠으니 부디 존함을 일러 주십시오." 하고 간청했습니다. 그러자 노인은 "나는 본래 성도 이름도 없는 사람이지만 사람들이 그저 몰골옹이라고 하오."라는 것이었습니다. 회정대사는 놀라서 눈을 휘둥그렇게 뜨고 일어나 절을 했습니다. 그리고 합장을 한 채 무릎을 꿇고 말했습니다.

"소승은 그저 선생님의 고명하신 도를 배우고자 불원천리하고 찾아왔으니 소승에게 대도(大道)를 가르쳐 주십시오."

"아, 이런 대사를 보았나? 공연히 또 사람을 괴롭히네. 나는 대도는커녕 소도(小道)도 모르는 사람이오."

"그래도 제가 선생님의 고명하신 이름을 듣고 왔습니다."

"잘못 듣고 온 게지."

"그러지 마시고 이 미욱한 중을 가엽게 여기시고 도를 가르쳐 주십시오."

"아따, 이런 귀찮은 사람을 보았나. 정 자꾸 그러면 이곳에서 자지도 못하게 쫓아낼 터이니 그리 아시오."

"정 그러하시다면 한 마디만 여쭙겠습니다. 혹시 해명방이라는 어른을 아시는지요?"

"아, 해명방이라면 나의 친구요. 그는 저 재 너머에 살고 있소."

노인은 문 밖으로 보이는 높은 산을 가리켰습니다. 회정대사는 몰골옹의 집에서 하룻밤을 묵은 뒤 아침에 일어나 해명방을 찾아 나섰습니다. 회정대사는 큰 재를 간신히 넘어 이곳저곳을 살피다가 한 곳에 이르러 작은 띠집 한 채를 발견하고 사립문을 두드렸습니다. 그러자 안에서 아주 밝고 명랑한 젊은 처녀의 대답이 들렸습니다. 한 노처녀가 문을 열고 나오며 말했습니다.

"누구시길래 이렇게 늦은 시각에 이 산중을 찾아오셨는지요?"

"예, 저는 금강산에 사는 중인데 동냥을 나왔다가 길을 잘못 들어 이렇게 늦은 시각에 찾아오게 되었습니다. 그런데 혹시 이 댁에 해명방이라는 어른이 살고 계시는지요?"

"예, 해명방은 바로 저의 아버님이십니다."

"지금 안에 계시는지요?"

"아니오. 아버님은 지금 사냥 나가시고 안 계십니다. 그런데 어찌하여 저희 아버님을 찾으십니까?"

"네, 그 어른을 꼭 뵈어야 할 일이 있습니다."

"그러나 대사님이 잘못 오신 듯합니다. 우리 아버님은 성품이 용맹무도하셔서 뵙기가 대단히 어려운 분입니다. 만일 그 어른의 비위를 거스르는 날이면 사람 죽이기를 파리 죽이듯 쉽게 하십니다. 그러니 아예 그냥 돌아가시는 게 좋을 듯합니다."

"그래도 저는 해명방 어른을 꼭 만나고 가야 합니다."

처녀가 겁을 주었지만 회정대사는 돌아가지 않고 해명방을 기다렸습니다. 처녀도 회정대사의 결심을 알아차린 듯 대사를 가상히 여기고 방 안으로 안내하고 부엌으로 가 저녁상을 보아 왔습니다. 저녁을 허겁지겁 얻어먹고 숟가락을 막 내려놓는데 갑자기 바깥이 시끄러워지면서 키가 구척장신에다가 험상궂은 얼굴의 한 중년 남자가 활과 창을 메고 노루와 사슴을 칡으로 동여매 질질 끌고 들어오는 것이었습니다. 그의 위풍당당한 모습에 압도된 회정대사는 얼른 마당으로 내려가 넙죽 큰절을 올렸습니다.

해명방은 딸의 방에서 뛰쳐나오는 젊은 중을 보고는 노기가 탱천하여, "너는 웬 중인데 남의 처녀 방에 함부로 들어갔다가 나오느냐? 이 죽일 놈 같으니라고……." 하면서 창을 뽑아들고 곧 찌를 태세를 취했습니다.

"소승은 본시 금강산에 사는 중이온데 선생님의 도가 높다는 말씀을 듣고 이렇게 불원천리하고 찾아왔습니다. 선생님께서는 안 계시고 저 따님께서 방으로 인도하여 저녁을 차려 주기에 이제 막 먹고 나오는 길입니다. 다른 뜻을 가지고 들어간 것은 아니오니 용서하여 주옵소서."

"이런 뻔뻔한 중놈을 보았나. 뭐가 어쩌고 어째? 남의 처녀 방에 들어가서 함부로 자빠져 있다가 나오면서 뭐 다른 뜻이 없었다고! 예라이 이 죽일 놈아."

해명방은 회정대사의 뺨을 냅다 후려갈겼습니다. 회정대사가 벌렁 뒤로 나가자빠지며 뺨을 두 손으로 감싸 쥐자 해명방은 회정대사를 발길로 마구 걷어차며 문 밖으로 내쫓아 버렸습니다. 그러나 회정대사는 물러나지 않고 다시 사립문을 밀고 기어 들어와 "선생님, 그저 소승은 도를 위하여 온 것뿐이오니 도만 일러 주신다면 지금 죽어도 여한이 없겠습니다."라고 빌었습니다.

"그 놈 참 끈질긴 놈이로군. 야, 이 중놈아. 네가 내 집에서 도를 배우려면 내 딸하고 결혼을 하지 않으면 안 될 텐데 그래도 도를 배우겠느냐?"

"선생님, 그것만은 용서해 주십시오. 소승은 출가 후로 반평생을 살면서 한 번도 계를 파한 적이 없는데 어찌 여기서 계를 파할 수가 있겠습니까? 그 점만은 거두어 주십시오."

"뭐야? 네 놈이 내 딸년을 건드리고도 책임을 지기는커녕 이제 와서 오리발을 내미는구나. 어디 한 번 내 손에 죽어 보아라."

해명방이 이처럼 호령하자 처녀는 아버지의 등 뒤에서 회정대사를 향해 눈짓 손짓으로 어서 명령에 복종하라는 신호를 보냈습니다. 만일 그렇지 않으면 아버지의 손에 정말 죽고 말 것이라는 뜻을 갖은 모양을 동원해 표현하였습니다. 회정대사는 여기서 이렇게 허망하게 죽을 수는 없다고 생각하고 할 수 없이 뜻을 꺾고 항복하였습니다.

"소승이 미처 생각이 짧아서 그랬사오니 용서하여 주십시오. 감히 제가 어찌 어른의 뜻을 어기겠습니까?"

그러자 해명방은 "진작에 그렇게 나올 일이지." 하며 풀어졌습니다. 해명방은 곧바로 소반에 찬물을 한 그릇 떠다 놓고 그대로 같이 맞절을 시켰습니다. 해명방은 그것으로 혼례식을 끝내고 그대로 윗방에 올라가 함께 자라고 하며 밀어 내었습니다. 회정대사는 순식간에 강제 결혼을 당하고 파계를 한 채 해명방의 딸과 부부가 되어 살게 되었습니다. 그러나 회정대사가 다행으로 여긴 것은 각시가 여느 각시와 달리 부부생활을 청하지 않는 것이었습니다.

　회정대사는 산에서 나무를 베어다가 숯을 구워 내다 파는 나무 장사를 했습니다. 장인 영감은 사냥을 해다가 고기 안주를 만들어 술이나 퍼마실 뿐 가사는 전부 회정대사에게 떠맡겼습니다. 회정대사는 화전을 일구고 나무를 해다 팔면서도, 해명방의 등쌀에 볶이느라 하루도 편할 날이 없었습니다. 회정대사가 이러한 수고와 수모를 참고 견디는 것은 오로지 도를 배워 깨달음을 이룰 수 있으리라는 기대 때문이었습니다. 그러나 도를 가르쳐 달라고 하면 아직 좀 더 기다리라고만 할 뿐 도무지 아무 보람이 없었습니다. 대사는 드디어 이곳에 온 것을 후회하기 시작했습니다. 몇 번이나 도망을 칠까도 생각해 보았으나 정숙하고 현명하며 마음씨까지 따뜻한 아내의 인정에 끌려 그렇게 3년을 살았습니다.

　회정대사는 그렇게 고생을 하느라고 금강산에서 하던 천수주력도 못 하고 염불도 못 하며 참선공부도 못 하였습니다. 장인과 아내를 먹여 살리느라고 삼 년 동안 오로지 고생만 하였습니다.

　'내가 이곳을 찾아온 이유가 무엇이었나? 대도를 성취하여 깨달음을 이루고 해탈하고자 함이 아니었던가? 그런데 선지식인 줄 알았던 해명방은 선지식이 아니다. 이렇게 고용살이만 하다가는 도는커녕 일에 눌려 죽고 말 것이다. 내가 귀신에게 홀린 것은 아닐까?' 이렇게 생각하자 회정대사는 용맹정진하던 금강산 생활이 그리워졌습니다. 그래서 어느 날 용기를 내어 아내에게 말했습니다.

"여보, 부인. 나는 다시 금강산으로 가서 공부나 하다가 죽어야겠소. 내가 처음 이곳을 찾아 왔을 때는 이렇게 장가나 들어 살림이나 하려고 온 것이 아니라, 도통을 하여 해탈을 이루려고 왔는데 3년이 지나도 아무런 보람이 없으니 이제 더 있어 봤자 무엇하겠소. 난 이제 떠나야겠소."

회정대사가 눈물을 흘리며 이같이 하소연하자 아내도 함께 눈물을 흘렸습니다.

"임자의 말을 들어 보니 그럴 만도 합니다. 그러나 지성이면 감천이라 했는데 그래도 10년은 채우고 가시구려. 아버님도 항상 말씀하시기를 무엇을 이루려면 10년은 채워야 하니 10년은 채워야 한 마디라도 해 주거나 말거나 할 것이라 하셨습니다. 앞으로 이제 7년 남았습니다. 아니 7년이 길면 한 3년이라도 더 견뎌 보시구려."

"3년을 허송세월로 보낸 것도 분한데 어찌 3년을 더 견디겠소. 나는 정말 떠나야겠소."

"정 그렇다면 할 수 없구료. 그럼 우리 다음에 금강산 만폭동에서 다시 만나 봅시다."

회정대사는 부인과 안타까운 작별을 하고 해명방에게 떠나겠다고 하자, 해명방은 "바보 같은, 정 가고 싶다면 할 수 없지. 그렇지만 한 3년만 더 있다가 가는 게 어떻겠느냐?"라고 만류하였습니다. 그러나 한 번 먹은 마음을 다시 고쳐먹기란 쉽지 않았습니다. 회정대사는 지체 없이 길을 떠났습니다. 그러나 몇 걸음 내려오다가 그래도 3년이나 아내와 살던 집이라 옛정을 못 잊어 뒤를 돌아보았습니다. 그런데 방금 전까지 있던 오두막집이 보이지 않는 것이었습니다. 깜짝 놀라 다시 올라가 보니 오두막은 물론이고 아내와 장인도 온데 간 데 없이 사라지고 없었습니다. 회정대사는 괴이하게 여기며 산을 내려오다가 3년 전에 들어올 때 만났던 몰골옹을 찾아갔습니다. 짚신을 삼고 있던 몰골옹은 "이 중아, 어리석은 중아. 그래 3년만 더 살지 않고 왜 내려오느냐?"며 애석한 표정을 짓는 것이었습니다. 회정대사는 하도 이상하여 "도대체 그들은 다 누구입니까?" 하고 물었습니다.

"너의 장인은 문수보살이요, 너의 처는 관세음보살인데 네가 전생에 《법화경》을 외운 공덕으로 그들과 3년을 살았느니라. 네가 무슨 복이 더 있어 그들과 6년을 살 수 있겠느냐? 나도 이제 인연이 다했으니 내 갈 데로 가 봐야겠다."

그리고는 몰골옹 역시 순식간에 홀연히 사라지고 말았습니다. 회정대사는 이 광경을 보고 대성통곡을 하며 후회하다가 금강산 송라암으로 다시 돌아와 천수다라니를 외우고 〈보문품〉을 읽으며 관음기도를 하고 있었습니다. 그러던 어느 날 3년을 함께 살았던 아내가 그립고 보고 싶어졌습니다. 그래서 헤어질 때 아내가 '만폭동에서 다시 만나자'고 하던 말이 생각나서 만폭동을 찾아 올라가니 예전의 아내가 허연 바위 위에 앉아서 머리를 감고 있었습니다. 너무도 반가운 마음에 급히 다가가 손을 잡으며, "여보, 당신이 아니요?" 하고 말하자 그만 아내는 한 마리의 파랑새가 되어 날아가는 것이었습니다. 회정대사는 아내를 놓치고 싶지 않아 죽을 힘을 다해 파랑새를 따라갔습니다. 한참을 날아가던 파랑새는 어떤 바위굴로 날아 들어갔습니다. 대사가 따라 들어가 보니 파랑새는 이미 온 데 간데 없었습니다.

대사는 그 순간부터 이 모든 것들이 무슨 조화인가 싶은 생각이 화두가 되어 머릿 속을 떠나지 않았습니다. 대사는 그날로부터 먹지도 자지도 않으면서 오로지 화두에 집중하다가 드디어 사흘 만에 홀연히 깨달음을 얻게 되었습니다. 회정대사가 깨치고 나서 전생을 돌아보니 자신은 전생의 마성이었고 3년을 함께 산 아내는 관음보살의 화신인 보덕각시였으며, 이곳은 마성이 아내가 죽은 뒤 스님이 되어 만행을 하며 돌아다니다가 마지막으로 공부하던 처소였습니다. 그래서 굴 바닥을 파보니 자신이 모시고 다니던 금동 관음보살상과 함께 자신이 쓰던 향로와 촛대와 경책들이 나오는 것이었습니다.

회정대사는 다시 그 굴 입구에 절을 짓고 안에 관음상을 모시고 살며 그곳을 보덕굴이라고 이름 지었습니다. 그리하여 이곳이 바로 그 유명한 금강산 보덕굴이 되었습니다. 보덕암은 아직도 금강산에 그대로 잘 보전되어 있으니 통일이 되면 우리 모두 그곳에 가 볼 수 있을 것입니다. 또한 어느 해 나온 어느 절 달력을 보니까 북한의 유명 사찰 열두 곳을 사진으로 찍어 만들었는데 보덕굴이 1월 달에 나와 있는 것을 보았습니다. 이처럼 관세음보살님의 위신력과 영험이 생생한 이야기로 전해 오고 있습니다.

제 7 장

관음신앙과
깨달음 이야기

아주 오래 전 경주에 세규사라는 절이 있었습니다. 지금은 이 절
이 없어졌지만 당시에는 상당히 규모가 큰 절이어서, 전국 여러 곳
에 땅을 가지고 있었습니다. 그 중의 하나는 강원도 강릉에 있는 땅
이었는데 논밭을 합친 큰 농원(農園)이었습니다. 세규사에서는 이 강
릉의 농원을 관리 감독하기 위해서 해마다 젊은 스님을 파견했는
데, 그렇게 파견된 농원 감독 스님을 감원 혹은 원감이라고 하였습
니다.

한 해는 세규사 스님들이 산중회의를 열어 조신이라는 스님을 강
릉 농원의 감원으로 보내기로 결정하였습니다. 조신 스님은 나이는
비록 젊었지만 인물도 좋고 지혜도 있어 앞으로 세규사의 주지 스
님이나 지도급 스님이 될 것으로 기대 받는 스님이었습니다. 강릉의
농원에 도착한 조신 스님은 낮에는 열심히 농원의 일들을 관리 감

독하고 염불을 하며, 밤에는 경전도 읽고 참선도 하며 아주 성실하게 일과 수행을 겸하여 실천하였습니다.

그런데 하루는 당시 강릉군의 군수인 김흔이라는 사람이 그 지방으로 가족 소풍을 나왔는데, 열일곱 살 난 아주 예쁜 딸을 함께 데리고 왔습니다. 김흔의 딸은 당시 강릉 고을에서 모르는 사람이 없을 정도로 소문이 자자한 미모를 갖춘 처녀였습니다. 이 절색의 처녀에게 첫눈에 마음을 빼앗긴 조신 스님은 그만 그날부터 짝사랑에 빠졌습니다. 젊은 스님이 세속의 처녀를 사랑하게 되었으니 누구에게 말 한 마디도 못하고 그만 상사병이 되고 말았습니다.

도저히 마음을 정리하지 못하고 속으로 애를 태우며 비실비실 말라 가던 조신 스님은 어느 날 사는 곳에서 멀지 않은 낙산사에 참배를 갔습니다. 여러분들도 아시다시피 낙산사 옆의 바닷가 절벽 끝에는 홍련암이 있고, 그곳은 신라시대 의상대사가 창건하고 관음기도를 올리던 유명한 관세음보살의 성지입니다. 이 홍련암의 관세음보살을 참배하던 그는 갑자기 관세음보살님께 기도를 해야겠다는 생각이 들었습니다. 아무에게도 털어놓지 못하는 비밀이었지만 관세음보살님에게만은 숨김없이 털어놓을 수 있었습니다. 그는 관세음보살님께 군수의 딸과 혼인하여 사랑을 맺도록 해 달라고 간절하게 빌었습니다. 그러나 스님이 군수의 딸과 사랑을 이룬다는 것이 어디 말이나 됩니까?

그러나 기도를 해 보니까 신통하게도 번뇌가 부글부글 끓던 마음이 아주 편안해지는 것이었습니다. 기도가 성취되어서가 아니라 기도를 하는 그 순간만은 마음이 한없이 편해지는 것이었습니다. 그래서 그는 매일매일 홍련암을 찾아가 기도를 올렸습니다.

그러나 안타깝게도 얼마 지나지 않아서 군수의 딸은 멀리 다른 곳으로 시집을 가 버리고 말았습니다. 소식을 들은 조신 스님은 실망하고 낙담하여 바로 홍련암으로 뛰어가 관세음보살님 앞에 무릎 꿇고 엎드려 자신의 소원을 외면한 관세음보살님을 원망하며 한없이 절을 계속했습니다. 그렇게 땀을 흘리며 절을 하다가 지친 나머지 원망과 참회가 섞인 눈물을 흘렸습니다.

그런데 바로 그때 멀리 시집을 갔다는 김흔 군수의 딸이 살며시 법당 문을 열고 들어오는 것이었습니다. 그리고는 살포시 스님의 옆에 앉으면서, "스님, 죄송합니다. 소리도 없이 이렇게 들어와서……." 라고 하는 것이 아니겠습니까? 오매불망 꿈에도 그리던 여인이 제 발로 찾아왔으니 조신 스님은 도무지 믿어지지 않았습니다. 그러나 마치 옥이 구르는 듯 고운 음성에, 연못에서 갓 피어난 붉은 홍련처럼 불그스레한 뺨에, 티 하나 없는 백옥 같은 얼굴에, 살포시 미소를 머금은 은근한 눈동자에 조신 스님은 그만 혼이 빠질 지경이었습니다.

"아니, 어떻게 제가 여기에 있는 줄 알고 오셨습니까? 안 그래도 지금 그대를 향한 기도를 하던 참인데……."

"저는 그 동안 스님에 대한 말씀을 듣고 또한 멀리서 스님을 뵈옵고 사모하는 마음을 잠시도 놓을 수 없었습니다. 다만 부모님의 뜻을 거역할 수 없어 잠시 시집가는 시늉만 하고 오는 길입니다. 아직

이 몸은 처녀이오며 저는 오로지 스님만을 믿고 의지하고 살고 싶습니다."

오매불망 꿈에도 그리며 상사병까지 걸린 사람에게 절세의 처녀가 제 발로 찾아와 이렇게 말하니, 조신 스님의 마음이 어떠했겠습니까? 아주 그냥 가슴이 터져 버릴 듯이 기뻤습니다.

"고맙소, 고맙소. 나도 오로지 당신만을 생각하며 살아왔으니 이제 함께 고향으로 돌아가 오손도손 행복하게 삽시다."

조신 스님은 기꺼이 수행생활을 청산하고 군수의 딸과 함께 고향으로 돌아와 아들 딸을 다섯이나 낳으며 가난하지만 정답게 살았습니다. 그러나 식구는 많고 가진 것은 없으며, 농사는 힘들고 세상살이에 서투른 조신은 하는 일마다 되는 것이 없었습니다. 부부가 차츰 세상살이에 지쳐가던 한 해는 수해가 나서 그나마 있던 산자락의 논밭이 산사태에 다 떠내려가 묻혀 버리고 말았습니다. 할 수 없이 날품팔이로 연명하던 이들은 결국 결혼생활 10년 만에 더 이상 견딜 수 없는 지경이 되었습니다. 어여쁜 처녀에서 손바닥이 갈라터진 촌동네 아낙이 된 조신의 아내가 배가 고파 칭얼대는 아이들을 바라보며 말했습니다.

"여보, 이제 더 이상 못살겠소. 이렇게 힘들게 일하고도 굶기를 밥 먹듯 하니 차라리 나가서 얻어먹기라도 하는 게 낫겠소."

자식 다섯을 이끌고 전국 방방곡곡 장터나 잔칫집을 찾아 돌아다니며 얻어먹던 이들은 보릿고개를 넘길 때마다 겨우겨우 목숨을 연명했습니다. 그러다가 구걸생활 3년이 되던 해에 흉년을 만나 열

세 살 난 큰아들이 그만 굶어 죽고 말았습니다.

"죄없는 것이 부모를 잘못 만나 이렇게 죽는구나!"

땅을 팔 연장도 하나 없어 장탄식과 눈물로 아들을 양지 바른 곳에 돌을 끌어모아 묻어 주고 나니, 이제는 얻어먹을 곳을 다시 찾아 나설 힘도 없었습니다. 그 옆에 움막을 치고 드러누워 풀뿌리와 나무껍질과 애들이 동네에 내려가 얻어오는 쉰밥이나 술 찌꺼기로 겨우겨우 목숨을 부지하고 살았습니다. 하루는 아홉 살 난 딸이 산 밑 동네에 밥을 얻으러 나갔다가 미친 개에게 물려 돌아와서는 시름시름 앓으면서 부모를 원망하며 울었습니다. 딸이 부모를 원망하며 우는 모습을 보고서 조신의 아내는 생각했습니다.

'내가 처음 저 사람을 만났을 때는 인물도 좋고 젊고 건강했었다. 부유하지는 않았지만 그래도 서로 정을 나누며 행복했다. 그래서 나는 저 사람과의 인연에 감사하며 살았다. 그러나 날이 갈수록 노병은 더욱 심해지고 생활은 너무 어렵다. 이제 죽을 날이 멀지 않은 몸으로 굶주리고 있어도 누구 하나 따뜻한 국밥 한 그릇 챙겨 줄 사람도 없다. 나는 그렇다손 치고 저 어린 것들이 무슨 죄가 있어 저렇게 굶주림의 고통에서 헤매야 하나? 삶이 이토록 곤궁해지니 예전의 정도 다 소용 없구나.' 이런 생각이 들자 아내는 남편에게 말했습니다.

"여보, 지난날 웃음 짓던 그 곱던 내 얼굴, 지금 와서 생각하니 풀잎에 맺힌 아침 이슬처럼 허무하구려. 우리들의 그 굳은 약속도 이제 와서 생각하니 바람에 밀리는 파도처럼 왔다가 사라지는구려.

우리가 이렇게 모여서 한군데서 얻어오는 밥을 여럿이 나누어 먹으며 같이 굶주리는 것보다는 각자 한 마리 새처럼 각각 제 먹을 것을 제가 주어먹는 것이 나을 성 싶소. 한군데서 얻어오는 밥을 여섯이서 나누어 먹자니 자연 부족할 수밖에 없는 것이오. 각자 따로 나가 얻으러 다닌다면 더 많은 곳을 갈 수 있어 얻어먹을 기회도 그만큼 더 많아질 것이오. 인간이 오고 가고 만나고 헤어지는 것을 사람의 힘으로 하지는 못하는 것이지만 이제 우리는 여기서 서로 헤어져 각자 자신의 갈 길을 가는 것이 어떻겠소?"

조신도 아내의 이런 말을 들으니, 모든 인연은 만났다가 헤어지는 것인데 다만 빨리 헤어지느냐 늦게 헤어지느냐의 문제라는 생각이 들었습니다. 수도생활을 포기하던 그 열렬한 애정도 생활의 고통과 굶주림 앞에서는 아무 것도 아니구나 싶었습니다. 차라리 각자 헤어져 간다면 밥을 얻을 기회가 많아지는 것뿐만 아니라, 서로의 고통은 바라보지 않아도 좋을 듯 싶었습니다.

"여보, 나는 이제 우리 고향을 향해 돌아가겠소. 당신도 당신 고향 쪽으로 가시구려."

조신과 아내는 아이들을 둘씩 나누어 데리고 각자 고향을 향해 발걸음을 옮겼습니다. 조신의 아내는 병든 딸을 업고 막내아들의 손을 잡고 가다가 돌아서서, 막내아들의 손을 놓고 조신을 쳐다보며 "여보, 조심해서 잘가오!" 하고 소리치며 손을 흔들었습니다. 그러자 어머니 손을 놓은 막내아들이 "아버지!" 하고 울부짖으며 조신에게로 달려오는 것이었습니다. 조신도 두 아들의 손을 놓고 "막내야!" 하고 울면서 아들에게로 달려갔습니다. 그러다 막내아들의 바로 앞에서 그만 돌에 걸려 앞으로 팩 고꾸라지고 말았습니다.

바로 그 순간, 낙산사 홍련암의 관세음보살 앞에 꿇어 엎드려 있던 조신 스님은 문득 꿈에서 깨어났습니다. 관세음보살 앞에서 울면서 절하면서 기도하던 조신 스님이 꿈을 꾸었던 것입니다.

"아~, 꿈이었구나!"

조신 스님은 온몸에 식은땀이 흥건하게 흘렀습니다. 처음 켤 때 환하게 타오르던 촛불은 이제 거의 타들어 가고 심지만 남아 가물가물 죽어가고 있었습니다. 희미한 법당 안에서 조금 전에 꾸었던 꿈을 다시 생각하니 꿈속에서 겪은 굶주림과 번뇌와 고통은 생각만 해도 소름이 끼쳤습니다.

잠시 동안에 사바세계의 희노애락애오욕을 한꺼번에 다 겪은 조신 스님은 깊은 한숨을 내쉬었습니다. 그러나 꿈이 하도 생생하여 꿈속에 묻어 준 아들의 무덤자리를 찾아가 돌무더기를 헤쳐 보니 그 안에서 미륵불상을 닮은 돌이 나왔습니다. 그 미륵불상을 안고 돌아와 홍련암의 관세음보살을 다시 쳐다보니 바로 조금 전 꿈속에서 본 자신의 아내와 꼭 닮았습니다. 조신 스님은 바로 그 순간 그만 사바세계를 향한 모든 욕망이 일시에 사라지며 마음속에서 환한 불빛이 온 누리를 비추며 크게 깨달음을 성취했다고 합니다. 조신 스님의 여인을 향한 욕망도 그 깨달음이 이루어지는 순간 모두 눈 녹듯이 사라지고 잔잔한 호수처럼 마음의 평화가 찾아왔습니다. 조신 스님은 다시 농원으로 돌아가 평소처럼 염불하고, 간경하고,

참선하면서 농부들과 함께 어울려 일생을 아주 평온하게 살았다고 합니다.

자, 우리는 이 이야기를 들으며 무슨 생각을 합니까? '사바세계의 일들은 모두 덧없으니 그냥 던져 버리자.' 그런 생각인가요? 아니면, '지극하게 기도하면 어떤 방법으로든 반드시 그 소원은 이루어진다.' 그런 생각인가요?

우리는 일상의 희노애락에 울고 웃고 성내고 슬퍼하며 허우적대다 일생을 보냅니다. 그리고 죽음이 눈앞에 닥쳐왔을 때 아무런 준비도 없이 당황하며 죽습니다. 이 이야기가 우리들에게 들려주고 싶은 속뜻은 일상의 희노애락에 집착하지 말라는 뜻입니다. 기뻐도 너무 들뜨지 말고, 슬퍼도 너무 기죽지 말며, 화나도 너무 설치지 말고, 즐거워도 너무 빠지지 말라는 것입니다. 일상의 희노애락을 그저 처연하고 태연하게 받아들이면서, 인생의 허무함과 덧없음을 분명하게 관찰하라는 뜻입니다. 그리하여 '자기'와 '자기 것'에 대한 집착을 버리고 무아와 연기법을 터득하여 깊이 관조할 때, 우리는 깨달음이라는 부처의 세계에 비로소 함께 참여하여 살아갈 수 있는 것입니다. 이 깨달음의 세계에 들어가야만 모든 욕망과 번뇌가 사라지고 잔잔한 호수처럼 평온한 삶을 살아갈 수 있는 것입니다.

불자의 길은 오로지 깨달음과 그로 인한 집착 없는 삶으로 향해 가는 길이어야 합니다.

제 8 장

미륵신앙의
이해

불교를 처음 접하는 사람들이 이구동성으로 하는 말이 '불교는 어렵다'입니다. 사실 불교가 아주 쉬운 것은 아닙니다. 그러나 잘 생각해 보면 사람들이 '어렵다'고 생각하는 것은 '익숙하지 않다'는 뜻입니다. 익숙하지 않기 때문에 어려운 것입니다. 어려서부터 불교를 공부했다면 그런 생각이 들지 않을 것입니다. 예를 들면 국악 같은 것도 그렇습니다. 나이 드신 분들은 국악을 들으면 저절로 어깨춤이 나오는데 젊은 사람들은 뭐가 뭔지 알지도 못하고 재미도 못 느낍니다. 유치원 다닐 때부터 피아노 반주에 맞춰 서양 노래만 배우다 보니 우리 것은 전혀 알지 못하기 때문입니다. 유독 불교만 그런 것이 아닙니다. 어떤 것도 익숙하지 않으면 어렵게 느껴지기 마련입니다.

미륵 부처님

우리나라의 불교는 미륵 부처님과 인연이 깊습니다. 사실 우리나라의 산과 들에서 가장 흔하게 만나는 부처님이 미륵 부처님입니다. 다른 부처님들은 대개 절의 전각에 모셔져 있는데 유독 미륵 부처님들은 그냥 들판이나 산에 계십니다. 물론 전라북도 김제의 금산사나 속리산 법주사, 충주 수안보의 세계사를 비롯하여 남한만 해도 대략 111개소의 미륵도량이 있지만, 그 외 수많은 미륵 부처님은 거의 노천에 있습니다. 심지어는 도저히 부처님이라고 볼 수도 없는 그냥 돌로 된 석상 같은 것도 미륵 부처님이라고 하는 경우가 있습니다.

《삼국유사》 같은 역사책을 보면 신라시대에는 화랑을 미륵의 화현이라 했고, 노힐부득이나 달달박박 같은 이들은 미륵불로 성불했다고 나옵니다. 후백제의 견훤이나 후고구려의 기치를 내세웠던 궁예는 자신을 미륵불이라고 자처했습니다. 고려시대 난을 일으켰던 노비 만적이나, 여러분이 잘 아는 조선 숙종 때의 장길산 등도 미륵불 사상을 갖고 있었고, 근대의 동학이나 증산교 또한 미륵신앙과 깊이 관련되어 있습니다. 이밖에도 근·현대의 신흥종교들 대부분이 미륵신앙을 표방하다 사라지곤 했습니다. 도대체 미륵 부처님이 어떤 분이기에 이런 현상이 나오는 것일까요? 미륵 부처님에 관한 내용은 흔히 미륵삼부경이라고 하는 《미륵상생경》《미륵하생경》《미륵대성불경》을 비롯하여, 《증일아함경》《숫타니파타》《현우경》 등에 나옵니다.

자, 그러면 이러한 경전들을 중심으로 하여 미륵 부처님이 어떤 분인지 알아보기로 합시다. 여러분도 한번쯤은 들어 보셔서 알고 계실 것입니다만 미륵 부처님은 석가모니 부처님께서 열반에 드신 후 미래의 세상, 즉 용화세계(龍華世界)에 오실 미래의 부처님 혹은 꼭 오셔야 할 부처님, 즉 당래불(當來佛)이십니다. 미륵은 범어 마이트레야(Maitreya)의 음역입니다. 마이트레야는 '우정·친절·호의·자비' 등의 뜻을 갖고 있습니다. 그래서 한자로는 자비로울 자(慈)를 써서 자씨(慈氏) 부처님이라고 번역하기도 합니다. 한 마디로 미륵 부처님은 '자비'로써 우리에게 평화와 구원을 약속하신 부처님, 즉 우리 중생 모두를 구제하기로 '계약'하고 약속하였으므로 미래의 언젠가는 반드시 이 세상에 오실 부처님이십니다.

학자들 중에는 미륵의 어원이 인도의 수많은 신들 중의 하나인 미트라(Mitra) 신이라고 하며, 미륵을 신화 속에 나오는 가공의 인물이라고 생각하는 사람들도 있습니다. 그러나 초기경전을 비롯하여 여러 대승경전에 미륵 부처님의 역사적 실재를 기록하고 있습니다. 따라서 미륵 부처님은 가공의 인물이 아니라 역사적 인물임이 분명합니다.

미륵 부처님의 수기

《현우경》에 의하면, 미륵은 석가모니 부처님의 제자였습니다. 미륵은 부처님이 마가다에서 활동하고 계실 때 당시 바라나시의 한 장자의 아들로 태어났습니다. 그의 어머니는 본래 착한 사람은 아니었는데 미륵을 잉태하고부터는 마음씨가 절로 고와져서 가난한 이들에게 자비를 베풀고 모든 이들을 사랑으로써 대했다고 합니다. 그래서 아이의 이름을 '미륵, 즉 '자비로운 이'라고 지었다고 합니다.

미륵은 자라나면서 인물 됨됨이가 너무 뛰어나서 평판이 온 나라에 자자하게 되자 그 나라의 왕은 자기의 지위를 빼앗길까 두려워 그를 살해하려고 했습니다. 그래서 미륵은 마가다로부터 멀리 떨어진 파탈리푸트라 화씨성(華氏城)에 있는 친척 바바리라는 바라문에게 도망가서 그를 스승 삼아 공부를 하게 되었습니다. 바바리는 바라문으로서는 당시 그 일대에서 가장 탁월한 학자였습니다. 미륵은 곧 두각을 나타내었고 채 1년도 못 되어 바라문들이 배워야 할 것을 모두 배웠습니다.

바바리 바라문은 미륵의 뛰어난 학문 수준을 널리 알리고자 바라문들을 초대하여 음식을 대접하고 500금씩 선물을 주었습니다. 그런데 잔치가 끝날 무렵 찾아온 바라문이 자신에게도 500금을 달라고 했습니다. 하지만 바바리에게는 남은 것이 없어서 줄 수 없었습니다. 화가 난 그 바라문은 앞으로 7일 후에 바바리의 머리가 일곱 조각으로 터질 것이라는 저주의 주문을 걸고는 가 버렸습니다. 지금 우리에게는 저주의 주문이 우습게 보일지 모르지만 당시 사람들은 주술이 큰 힘이 있다고 믿었으므로 상당히 두려운 일이었습니다. 고민에 빠진 바바리는 어쩔 줄 몰라 하다가 부처님이 세상에 출현하여 교화하고 있다는 말을 듣게 되었습니다. 그는 물에 빠진 사람이 지푸라기라도 잡는 심정으로 미륵과 제자들을 부처님께 보내어 해결책을 얻어 오도록 하였습니다.

마가다에 도착한 미륵과 바바리의 제자들은 부처님을 찾아 뵙고 그간의 사정을 말하고 해결책을 알려 달라고 하였습니다. 그때 부처님께서 이렇게 말씀하셨습니다.

"걱정하지 말라. 머리가 깨진다면 무명(無明)의 머리가 깨지리라. 머리가 터진다면 지혜의 머리가 터질 것이다."

나쁜 바라문이 저주의 주문으로 머리가 터지라고 주문을 걸었지만, 부처님은 무명이 깨지는 것이 머리가 터지는 것이라고 말씀하시며, 주술의 터무니없음을 갈파하셨습니다. 주술적 세계관의 두려움에 갇혀 있던 이들을 밝은 안심의 세계로 끌어내어 대자유의 길을 밝혀 주신 것입니다. 여러 번 말씀드리지만 불교의 가장 큰 특징은 맹목적인 믿음에서 벗어나 사리에 바탕을 둔 믿음을 갖는 것입니다. 미륵은 그 자리에서 다른 제자들과 함께 부처님께 귀의하여 제자가 되었습니다.

후에 미륵은 부처님이 될 것이라는 수기(授記)를 받게 됩니다. 미륵은 어떻게 하여 수기를 받게 될까요? 《현우경》에 나오는 미륵 부처님의 전생 이야기를 알려 드리겠습니다. 아주 오래 전 먼 세상에 담마류지라는 전륜성왕이 있었습니다. 그의 속국으로 파새기라는 작은 나라가 있었는데, 그 나라의 왕은 힘이 좀 세졌다고 생각하자 담마류지 왕에게 조공도 바치지 않고 인사를 하러 오지도 않았습니다. 담마류지 왕은 괘씸한 생각이 들어서 그를 정벌하러 갔습니다.

파새기 왕을 사로잡은 담마류지 왕은 왜 조공을 바치지도 않고 인사도 하러 오지 않는지를 추궁했습니다. 파새기 왕은 자기 나라에 한 분의 부처님께서 출현하여 교화하고 계시므로 부처님과 그 제자들을 받들어 공양하느라고 대왕을 미처 섬기지 못했다고 말했습니다. 그리고 그 부처님의 이름은 불사(弗沙) 부처님이라고 알려 주었습니다. 담마류지 왕은 불사 부처님이 어떤 분인지 궁금해서 불사 부처님께서 계신 곳을 찾아갔습니다. 그때 불사 부처님은 조용히 앉아 선정에 들어 계셨습니다. 그리고 불사 부처님으로부터 조금 떨어진 곳에 한 비구 스님이 선정에 들어 있었는데, 그 스님의 몸으로부터 찬란한 금빛 광채가 크게 일어나 사방으로 뻗치고 있었습니다. 담마류지 왕은 선정에 드신 부처님을 뵙고 환희심이 일어나 예를 올린 후 금빛 광명이 휘황한 비구 스님에 대해 묻습니다. 저 스님은 어찌하여 또한 어떤 선정에 들었기에 저렇게 엄청난 빛이 뻗어 나오느냐고 물었습니다. 부처님께서 대답하시기를 저 비구는 그대가 이 나라를 정벌하러 온다는 것을 알고 그곳의 중생들을 불쌍히 여겨서 '자심삼매(慈心三昧)', 즉 자비로운 마음의 삼매에 들어 있다고 알려 주었습니다.

담마류지 왕은 그 순간 그 비구 스님을 향한 흠모와 존경심이 일어나서 자신도 자심삼매를 배우고 싶다고 부처님께 말씀드렸습니다. 부처님의 가르침에 따라 잠깐 만에 자심삼매 선정법을 배운 왕은 그 자리에서 자심삼매 선정을 실행하였습니다. 그러자 삼매에 드는 순간 파새기 왕을 해치려던 생각이 없어지고 자비로운 마음이 넘쳐나기 시작했습니다. 드디어 왕은 정벌하려던 마음을 바꾸어 부처님을 자기 나라로 모셔 갔고, 계속 자심삼매를 닦은 끝에 다시 태어나면서 '자비심이 넘치는 이'라는 뜻의 미륵이라는 이름을 얻었다고 합니다. 그리고 석가모니 부처님을 만나 제자가 되었고 미래세의 용화세계(龍華世界)에 미륵 부처님으로 성불할 것이라는 수기를 받았던 것입니다.

미륵 부처님이 오실 때

그럼 미륵 부처님은 미래의 언젠가 이 땅에 오실 부처님이라고 했는데 과연 미륵 부처님은 언제 오실까요? 《미륵상생경》에 의하면 석가모니 부처님이 사위국 기원정사에 계실 때 우팔리 존자에게 지금부터 12년 후에 미륵이 가부좌를 하고 선정에 들어 이 세상을 떠나 도솔천에 상생(上生)할 것이라고 하셨습니다. 그리고 《미륵하생경》에서는 미륵보살이 도솔천에서 교화하시다가 석가모니 부처님께서 열반에 드신 후 56억 7천만 년 후에 이 땅에 다시 하생(下生)한다고 하셨습니다. 56억 7천만 년이라니 엄청난 시간입니다. 이것은 산술적인 시간이 아니라 상징적인, 우주적인 시간이라고 봐야 할 것입니다.

자, 그럼 이쯤에서 한번 정리해 보겠습니다. 미륵 부처님은 아주 먼 과거세에 담마류지라는 전륜성왕으로서 자심삼매를 닦아 자비로운 이라는 뜻의 미륵이라는 이름을 얻고 출가하여 수행을 했습니다. 그리고 석가모니부처님 열반 이후 56억 7천만 년이 지난 후에 이 땅에 오셔서 모든 중생들을 구제한다고 하였습니다.

석가모니 부처님께서 열반에 드신 후 오랜 세월이 흐르자, 자연히 미륵 부처님에 대한 그리움과 신앙이 깊어지게 되었습니다. 석가모니 부처님께서 살아 계실 때에는 그분에게 귀의하여 구제를 받을 수 있었고, 또 열반에 드신 후에도 일정 기간 동안은 그분의 향기, 체취 등이 남아 있고 가르침 또한 생생했기에 별 문제가 없었습니다만, 시간이 오래 지나자 자연히 불교교단도 변질되기 시작했고 사회가 어지러워지다 보니 부처님께서 약속하신 미래의 부처, 미륵 부처님에 대한 신앙이 간절해진 것입니다.

미륵신앙의 형태는 크게 두 가지로 나뉩니다. 현재 미륵 부처님께서 계시는 도솔천에 태어나고자 하는 상생신앙과 미륵 부처님이 이 땅에 강림하시기를 기원하는 하생신앙입니다. 역사적으로 보면 비교적 사회가 안정될 때는 상생신앙이 주류를 이루고 사회가 어지러운 난세에는 하생신앙이 크게 성행했습니다.

그런데 문제는 미륵 부처님의 하생 시기입니다. 말씀드린 것처럼 경전에는 미륵 부처님이 56억 7천만 년 뒤에 하생한다고 되어 있습니다. 우리의 인식 능력으로는 계산하기 어려운 까마득한 시간입니다. 사실 56억 7천만 년은 하루하루가 살기 힘든 우리 민중들에게는 희망이 아니라 절망입니다. 그렇지 않습니까? 우리가 고통 속에서 신음하다가 다 죽어 없어진 다음에 부처님이 하생한들 무슨 소용이 있겠느냐는 것입니다.

여기서 사상의 큰 전환이 있습니다. 56억 7천만 년은 산술적인 시간이 아니라고 했습니다. 상징적이고 우주적인 시간이라고 했습니다. 8만 4천 법문이라는 것도 그렇습니다. 부처님께서 하신 법문의 숫자가 꼭 8만 4천이 아닙니다. 중생의 근기와 처지에 따라 다양하게 여러 가지로 법문하신 것을 그렇게 상징적으로 표현한 것입니다.

미륵불을 신앙하는 개혁적 사상가들은 바로 이 시간관념을 새롭게 해석했습니다. 56억 7천만 년은 산술적인 시간이 아니라 지금이 어지러운 세상이야말로 미륵불이 하생할 바로 그 시기라고 생각하게 된 것입니다. 그래서 바로 지금 이곳에 지상의 정토, 용화세계를 건설해야 한다고 생각하기에 이릅니다. 이때 미륵신앙은 민중들에게 매우 희망적인 종교로 등장합니다. 그래서 많은 사람들이 미륵 부처님을 앞세워 개혁운동을 일으켰고 민중들은 여기에 희망을 갖고 또 그것에 의지하곤 했습니다. 우리나라의 산과 들에 세워진 수많은 미륵불이 그것을 상징합니다. 미륵신앙에는 의지할 데 없는 민중들의 비원(悲願)이 서려 있는 것입니다.

미륵신앙의 골자

미륵신앙의 첫 번째 골자는 무엇보다 '계율사상'이라 하겠습니다. 《미륵상생경》의 경우는 아예 부처님의 대담자로 지계제일(持戒第一) 우팔리 존자가 등장합니다. 보통의 경전에는 아난 존자가 등장하는데 미륵 경전에서 우팔리가 중요한 인물로 설정되었다는 것 자체가 계율이 얼마나 중요한지 상징적으로 드러낸다 하겠습니다. 구체적으로 《미륵상생경》에 보면, "내가 열반한 뒤, 부지런히 정진하여 모든 공덕을 닦으며, 율의(律儀)를 잘 지키고 선정을 닦고 경전을 독송하며, 부처님의 형상을 생각하고 미륵 부처님의 명호를 외우며, 팔재계를 받아 지키며 넓은 서원을 발하면 목숨을 바친 뒤에 도솔천에 왕생한다."고 하였습니다. 《미륵하생경》에서도 미륵 부처님의 회상에 태어난 사람들의 인연을 말씀하시는 가운데 '지나간 세상에 깨끗한 계행을 닦은 인연으로 나의 처소에 태어난 것'이라고 하셨습니다.

미륵신앙의 두 번째 골자는 '복지국가 사상'입니다. 《미륵대성불경》에 의하면 계율을 잘 닦는 것과 함께 빈궁하고 고독하며 곤액을 당했거나 업장이 많아 큰 고통을 받는 중생을 구제한 공덕으로 미륵 부처님의 회상에 태어난다고 하였습니다. 《미륵하생경》에서는 좀 더 구체적으로 용화세계가 곧 복지국가임을 설하고 있습니다.

아난다여, 그때 염부제의 땅 넓이는 동서남북이 10만 유순이나 될 것이다. 대지는 평탄하고 거울처럼 맑고 깨끗하다. 곡식이 풍족할 뿐만 아니라 인구가 번창하고 갖가지 보배가 수없이 많으며 도시와 도시가 잇달아 닭 우는 소리가 서로 들리느니라. 아름답지 못한 꽃과 나쁜 과일, 시들한 나무는 모두 씨가 마르고 더러운 것은 다 없어진다. 그래서 감미로운 과일나무와 향기롭고 아름다운 풀, 나무들만 자란다. 기후는 온화하고 화창하며 사계절이 순조로워 백여덟 가지의 질병이 없다.

이처럼 용화세계는 실로 인간이 상상할 수 있는 가장 훌륭한 낙원이라 하겠습니다. 그러나 용화세계는 그저 주어지는 세상은 아닙니다. 미륵 부처님은 말법시대가 되어 세상이 어지러울 때 중생들의 마음에 큰 전환, 반성이 일어나서 계율을 지키고 십선업(十善業)을 실천하여 탐·진·치 삼독이 거의 없어졌을 때, 다시 말하면 번뇌가 거의 끊어져서 성불에 임박했을 때 하생하시는 것입니다. 즉 용화세계는 계율과 자비를 실천하는 사람들이 태어나 성불하여 해탈하는 세상인 것입니다.

역사를 살펴보면 많은 사람들이 민중들의 열망을 도용하여 미륵이라 자칭하여 정권을 잡고자 한 경우가 있습니다. 대부분은 실패로 끝났고, 또 성공한 일부는 다시 민중을 철저히 짓밟았음을 알 수 있습니다. 이것은 모두 미륵신앙을 잘못 이해했기 때문입니다. 미륵신앙은 타종교처럼 심판하고자 하는 신앙이 아니며 무조건 한 사람의 구세주에게 매달리는 신앙도 아닙니다. 삼보에 귀의하고 계율을 잘 지키며, 이 세상을 살기 좋은 땅으로 만들기 위해 적극적으로 자비를 실천하자는 신앙인 것입니다.

제 9 장

예수재(預修齋)·
기도의 이해

　예수재란 미리 예(豫) 닦을 수(修), 즉 살아 있을 때 재를 올려 공덕을 쌓고, 죽은 뒤 염라대왕 앞에서 심판을 받을 때 지옥에 떨어지지 않도록 공덕을 미리 저축해 두는 의식을 말합니다. 다시 말하면 죽은 뒤에 염라대왕 앞에 가서 재판받을 때를 생각해서 생전에 미리 공덕을 쌓는 수행이라고 할 수 있습니다.《관정수원왕생십력정토경(觀正修願往生十力淨土經)》에는 "4부 대중들이여, 이 몸이 무상한 줄을 알아서 보리도를 성취하여 해탈을 이루려거든 죽기 전에 미리 삼칠 일 동안 등을 켜고, 번을 달고, 스님들을 청하여 경전을 읽어서 복업을 지으라. 그러면 소원대로 과보를 얻으리라."라고 되어 있습니다. 바로 이 부분, "죽기 전에 삼칠 일 동안 등을 켜고, 번을 달고, 스님들을 청하여 경전을 읽어 복업을 지으라."는 경전 구절의 가르침을 따라서, 우리들이 이처럼 생전에 예수재를 지내는 것입니다.

본래 '재(齋)'라는 글자는 '몸과 마음을 깨끗이 한다'는 의미입니다. 불교에서는 부처님께 공양과 예배를 올려 기도하는 의례와 수행을 재(齋)라고 합니다. 즉 '재를 올린다'는 말은 부처님께 귀의하고 공양을 올리면서, 몸과 입과 생각으로 짓는 신·구·의 삼업을 맑고 깨끗하게 한다는 뜻입니다. 그러니까 재는 의례를 통한 수행방법인 것입니다.

재에는 여러 가지가 있습니다. 여러 가지 재 가운데 부처님과 삼보를 위하여 공양을 올리는 재가 가장 대표적이지만, 그러나 재(齋) 가운데는 조상을 위한 재, 원혼과 아귀 등을 위한 재, 그리고 살아 있는 사람을 위한 재가 있습니다. 이들 중에서 바로 이 살아 있는 사람들을 위한 재가 예수재인 것입니다.

수륙재(水陸齋)는 물이나 육지에서 방황하는 원혼과 아귀에게 음식을 공양하여 그들을 천도(遷度)하는 의식입니다. 수륙재는 중국의 황제들 가운데에 불심이 깊기로 가장 유명했던 양나라 무제가 꿈에 수륙재를 베풀어 천지사방을 정처 없이 떠도는 원혼들을 제도하는 것이 공덕의 으뜸이고 나라를 안정시키는 방법이라는 큰스님의 말을 듣고, 지공(誌公)이라는 신하에게 《수륙의문(水陸儀文)》을 짓게 하여 재를 지낸 것에서 유래한다고 합니다. 우리나라에서는 고려 광종 때 수원의 갈양사에서 혜거국사가 최초로 수륙재를 지냈다고 전해집니다.

수륙재를 비롯한 모든 천도재가 죽은 사람을 위한 것인데 비해서, 예수재만은 산 사람을 위한 재입니다. 예수재는 살아 있는 동안 미리 재를 지내어 죽은 후의 극락왕생을 기원하는 것입니다. 따라서 재의 내용도 살아 있는 동안 지은 죄와 빚을 갚는 의식으로 이루어져 있습니다.

사바세계에 사는 우리는 누구나 죄 안 짓고 빚지지 않고 살 수 없습니다. 우리는 알게 모르게 죄를 짓고 빚을 지고 삽니다. 이런 죄와 빚을 가지고 죽게 되면 염라대왕 앞에 갔을 때 이것들이 낱낱이 다 드러나게 되고, 그에 상응하는 대가를 치러야만 합니다. 특히 빚에는 여러 가지 수없는 빚들이 있겠지만, 예수재를 지낼 때는 주로 법문을 들은 빚, 즉 법보시를 받았던 빚과 돈으로 진 빚, 즉 재보시를 받았던 빚을 갚는 의식을 행합니다. 법보시를 받은 빚은 예수재를 지내며 경전을 읽어서 갚고, 재보시로 진 빚은 종이로 만든 돈을 명부전의 왕들에게 올리는 것으로 갚습니다. 그리고 재를 올리고 난 뒤, 빚을 갚았다는 증표를 받아 한 조각은 불사르고 한 조각은 죽을 때 지니고 가서 명부의 왕들께 보여 줌으로써, 극락으로 왕생하는 데에 장애가 없다는 것을 증명하는 것입니다. 그러나 불전에서 경전을 읽고 명부전에 종이돈을 올렸다고 해서 생전에 지은 빚들이 다 갚아지는 것은 물론 아닙니다. 그것은 빚을 실제로 갚는 것에 대한 상징일 뿐입니다. 의례를 통해서 그러한 행위를 함으로써, 우리가 생활 속에서 진짜로 모든 빚을 갚아야 한다는 것을 깨우치고 다짐하는 것입니다.

하여튼 예수재는 살아 있는 동안 진 빚, 즉 살아 생전에 지은 업장을 죽기 전에 갚음으로써, 청정한 몸과 마음으로 죽음을 대비하는 수행의식인 것입니다. 이처럼 생전에 미리 자신의 업장을 소멸하는 수행의식인 예수재는 원래 중국 도교의 시왕신앙(十王信仰)을 불교에서 수용한 것입니다. 이 예수재 의식은 《예수시왕생칠재의(豫修十王生七齋儀)》라는 도교 의식 문헌에서 비롯되었습니다. 따라서 예수재 의식에는 다신교적인 내용이 많이 포함되어 있습니다. 불교에서 지내는 예수재에서는 지장보살이 중요한 위치를 차지하고 있기는 하지만, 도교신앙에서 비롯된 명부시왕과 그 권속이 예수재의 절차에 많은 양을 차지하고 있습니다. 여러분들은 모두 큰 절의 명부전에 가 보셨을 것입니다. 명부전에 가면 한가운데에 지장보살이 모셔져 있습니다.

맹세하오니 저는 미래의 시간이 다할 때까지 죄의 고통에 빠진 중생이 있으면 마땅히 널리 방편을 베풀어서 해탈케 하겠습니다. 맹세하오니 지은 죄로 인하여 고통을 받는 모든 6도의 중생들을 한 명도 남김없이 해탈케 한 다음에야 저는 마지막으로 성불하겠습니다.

지장보살은 이렇게 맹세를 하고 지금도 지옥의 한가운데서 지옥중생들을 구제하고 계시는 보살입니다. 이 지장보살의 좌우로 사후세계인 저승의 심판관들인 시왕(十王)이 자리를 잡고 있습니다. 불교와 도교에서는 죽은 자들이 도달하게 되는 세계를 명계(冥界), 황천(黃泉), 저승이라고 하는데 이곳을 다스리는 열 명의 왕을 시왕이라고 부릅니다. 시왕은 진광왕, 초강왕, 송제왕, 오관왕, 염라왕, 변성왕, 태산왕, 평등왕, 도시왕, 오도전륜왕 등입니다. 이들 중에서 염라왕이 대왕으로서 가장 주된 왕입니다.

또 예수재를 지내는 재단을 설치하는 양식을 보면 삼신불단을 법당 안에 설치하고, 동쪽에 지장단을, 서쪽에 호법선신단을 설치합니다. 그리고 법당 밖에 염라대왕 이하 명부의 시왕단을 설치합니다. 이런 단의 배열은 밀교적 신앙과 구조를 보여 주고 있습니다. 하여튼 예수재는 생전에 미리 명부의 시왕전에 복덕을 쌓아서, 죽고 난 다음에 명부의 시왕을 만나면 극락에 갈 수 있는 심판을 받도록 하는 데에 있습니다.

예수재의 의식 절차의 핵심은 재보시와 법보시의 실천에 있습니다. 예수재를 지내는 불자들은 자신이 갚아야 할 빚의 많고 적음에 따라서 부지런히 경을 읽고 보시를 행해야 합니다. 빚은 예수재에 경전을 읽어서 갚게 되고 또는 필요한 경전을 구입하여 불단에 올리는 것으로 갚습니다. 금전으로 진 빚은 지전(紙錢)을 만들어 각자에 맞는 금액을 시왕전에 바치고, 영수증을 받아 한 조각을 태우고 나머지는 잘 보관하였다가 죽은 뒤에 가지고 가서 시왕전에 바치기도 합니다.

사바세계에 살던 중생들은 몸이 없어지면 다음 몸을 얻기 위해서 자기가 평소 지은 업연을 따라 다시 태어날 곳을 찾아 헤매 다닙니다. 육신의 명이 끝나고 7일 안으로 다음 인연을 찾아 새로운 생을 받습니다. 그러나 그렇지 못하면 49일 동안 명부에서 심판을 받게 됩니다. 즉 죽은 날로부터 7일 단위로 일곱 번과 죽은 지 100일째 되는 날, 1년 째 되는 날, 3년 째 되는 날 등 총 열 번에 걸쳐서 심판을 받는다고 합니다.

첫 번째 재판에서 내생이 결정되지 않으면 두 번째 심판으로 넘어가고, 두 번째 심판에서 못 받으면 세 번째로 넘어가고 이렇게 차례대로 미루어지는 것입니다. 최소한 일곱 번째 심판 안에 결정을 보고서 태어날 곳을 그곳에서 지정받아야 합니다. 그렇기 때문에 49재만은 꼭 지내야 한다고 하는 것입니다. 산 사람이나 죽은 영혼이나 살아서 죄를 다 녹이지 못하면 자손이 49재를 지내서 명부의 시왕전에 기도를 올리고 49일째 되는 날 심판에 따라 각각 이승으로 태어나기도 하고, 또는 죄가 중하면 지옥고를 받기도 합니다. 49일 동안에도 다음 생을 받지 못하면 무주고혼이 되어 허공을 따라 온 세상을 떠돌며 헤매는 귀신이 됩니다. 살아 있는 가족은 망자의 착한 성품만 생각하고 좋은 곳에 태어났으리라 생각하지만 자기가 지은 죄업은 아무도 알 수 없습니다. 깨달은 도인이야 영혼의 가고 옴을 알 수 있지만 범부중생이야 부모·형제·자매·일가친척의 영혼이 어디에 태어났는지 알 수가 없습니다.

절에서 불전용 사물이라 하여 범종·목어·운판·법고를 아침저녁으로 치면서 염불과 진언을 외우는 것도 삼계의 모든 생령들과 이런 온갖 떠돌이 고혼들을 제도하기 위한 것입니다. 예수재 의식의 특징 중의 하나는 이 의식은 개인적인 발원에 의하지 않고 많은 대중이 모여서 함께 의례를 행한다는 점입니다. 예수재는 혼자 할 수 없습니다. 그러니 인연이 없으면 예수재를 지낼 수 없고 인연이 닿아야 예수재에 동참할 수 있는 것입니다.

결론적으로 말하자면 예수재는 생전에 우리가 닦는 수행의 한 과정입니다. 그리고 예수재의 수행은 법보시와 재보시, 즉 보시행으로 이루어져 있습니다. 우리 중생들이 복덕과 공덕을 쌓을 수 있는 가장 좋은 수행은 보시입니다. 그러나 우리는 평소에 이 보시행을 실천해야 한다는 생각을 잊고서 도리어 죄와 빚을 지고 삽니다. 이러한 우리들이 예수재를 통해서 보시를 실천할 수 있는 기회를 갖게 되는 것입니다.

다만 예수재를 지내는 동안에 예수재라는 의식을 통해서 하는 보시는 도리어 상징적인 것에 불과합니다. 예수재라는 의식을 지내는 전체 스무하루 날 동안만이라도 우리는 법보시와 재보시를 실천하는 수행을 철저하게 해야만 합니다. 그래야만 공덕이 쌓이고 나중에 죽어 염라대왕 앞에 갔을 때, 할 말이 있는 것입니다.

스님이 예수재를 지내 준다고 해서 공덕이 쌓이고 그 공덕으로 지옥고를 면하고 극락으로 왕생하는 것이 아닙니다. 모든 수행은 자신이 하는 것입니다. 여러분들 스스로가 스무하루 날 동안만이라도 예수재의 이러한 의미를 올바로 알아서 보시행의 실천을 제대로 해야 합니다. 스님은 예수재라는 의식을 통해서 여러분들에게 이러한 의미를 일러 주는 것에 불과합니다. 말을 끌고 물가로 데려갈 수는 있지만 물을 대신 먹어 줄 수는 없습니다. 이와 마찬가지로 저는 수행의 길을 일러 줄 수 있을 뿐 수행은 여러분들 자신이 하는 것입니다.

여러분, 부디 이러한 가르침을 명심하시어 예수재를 지내는 동안만이라도 더 이상 죄를 짓지 말고, 빚도 지지 말고 보시행을 통한 공덕만을 지어야 합니다. 그리한다면 우리는 누구 할 것 없이 죽게 될 때 편안한 마음, 자신 있는 마음으로 죽을 수 있을 것입니다. 그렇게 죽을 수 있다면 우리는 염라대왕의 심판도 필요 없이 바로 아미타불의 인도를 받아 극락에 왕생하게 될 것입니다.

제 10 장

우란분절,
백중기도

우란분절의 말 뜻

우란분절은 불교의 5대 명절 중의 하나로서 우리나라에서는 예로부터 백중 혹은 백종이라고 불렀습니다. 인도에서는 백중을 울람바나(Ullambana)라고 합니다. 이 울람바나라는 인도 말을 소리로 번역하면 '우란분(盂蘭盆)'이 됩니다. 즉 백중은 좀 유식하게 말하자면 '우란분절'이라고 하는 것입니다. 울람바나, 우란분, 비슷하게 발음이 되지요?

이 우란분절을 중국에서는 오미백과(五味百果)의 갖가지를 스님들께 공양한다고 해서 백종(百種), 많은 대중 스님들께 공양한다고 해서 백중(百衆), 일년의 한중간 날이라고 해서 중원(中元), 이 백중(百衆)과 중원(中元)이 합쳐져서 백중(百中), 여름 농사일을 끝내고 발을 깨끗이 씻는다고 해서 백종(白踵), 영혼들을 천도한다고 해서 백종

(魄縱), 혹은 망혼일(亡魂日) 등의 여러 이름으로 불렸습니다.

우란분절의 유래

우란분절인 음력 7월 15일은 하안거를 마치는 날입니다. 하안거는 음력 4월 15일에 안거에 들어가 7월 15일에 마칩니다. 하안거를 마친 스님들은 3개월 동안 안거한 수행의 결과를 돌아가면서 고백합니다. 그리고 그동안 잘못해서 혹시 죄를 지은 것이 있으면 이 날 대중 앞에 다 참회합니다.

자자(自恣)의 참회의식은 이렇습니다. 제일 나이가 많은 원로 스님부터 차례대로 "대중들은 들으시오. 나에 대해서 잘못을 보았다든지, 잘못했다는 말을 들었다든지, 혹시 의심나는 것이 있으면 물으시오. 나는 겸허히 받아 고치겠습니다."라고 차례대로 쭉 돌아가면서 말합니다. 그래서 이날 부처님 전에 참회하면 지은 죄를 용서받을 수 있다는 말이 생기게 된 것입니다. 그러니까 백중이란 말은 하안거가 끝나는 음력 7월 15일에 많은 대중 앞에서 그간 얻은 수행의 결과도 얘기하고 또 그간의 잘못을 참회한다는 뜻입니다.

그리고 이때가 되면 신도들이 수박, 참외, 복숭아, 자두, 옥수수 등 많은 과일과 음식을 마련해 가지고 3개월 동안 정진하느라고 잘 먹지도 못하고 주무시지도 못한 스님들께 공양을 올립니다. 그러면 공양을 올리는 이가 복을 받고, 또 돌아가신 부모나 살아 계신 부모님을 위해서 불공을 올리면 7대의 부모까지 모두 제도를 받습니다.

모든 불가의 행사가 모두 경전에 그 근거를 가지고 있듯이 우란분절도 《우란분경》에서 비롯되었습니다. 이 경전에 의하면 부처님의 십대제자 중에서 신통력이 가장 뛰어난 목련존자에게 청제(青提)부인이라고 하는 홀로 된 어머님이 계셨습니다. 목련존자의 어머님은 처음에는 부처님 법문도 잘 듣고 착실히 부처님을 따랐습니다. 그런데 목련존자가 출가하여 공부하는 동안 나쁜 친구의 꾐에 빠져 타락했습니다. 목련존자의 어머니는 매일 살생한 고기를 먹고 술을 마시며, 춤추고 화투놀이를 하며, 인과도 믿지 않고 게다가 부처님이나 스님들을 흉보고 비방하였습니다.

이런 사실을 알게 된 목련존자가 "어머님, 이러시면 안 됩니다. 이런 죄업을 지으시면 내생에 지옥에 떨어집니다."라고 간곡하게 말씀드렸습니다. 그러나 어머니는 되레 아들에게, "그런 소리 말아라. 내생이 어디 있느냐? 네가 보았느냐? 내가 고기도 먹고 술도 마시며, 춤추고 놀아 보니 기분만 좋더라. 그리고 스님들 흉보는 것도 재미만 있더라."라고 쏘아 부쳤습니다. 청제부인은 자식의 간곡한 당부를 전혀 듣지 않고 남은 생을 그렇게 살다 죽었습니다.

하루는 목련존자가 돌아가신 어머니 생각이 간절하게 났습니다. 그래서 신통력이 높은 목련존자는 돌아가신 어머니가 어떻게 되었을까 궁금해서 천안통으로 천상과 인간계를 두루 찾아보았습니다. 그러나 아무리 찾아보아도 어머니를 찾을 수 없었습니다. 그러자 목련존자는 의아해 하면서도 혹시나 하는 생각에 지옥계를 살펴보았습니다. 그랬더니 어느 한 지옥에서 어머니의 슬피 우는 소리가 나

고 있었습니다. 천안통으로 자세히 살펴보니 어머니는 지옥 중에서
도 제일 고통이 심한 무간지옥에 거꾸로 매달려 고통받고 있었습니
다. 그런데 어머니의 형상이 어찌나 흉측한지 차마 보기도 끔찍했
습니다. 몸은 마를 대로 말라비틀어지고 목구멍은 바늘구멍만 하
여 음식을 넘길 수 없어 아무리 먹어도 늘 배가 고파 괴로워하고,
또한 끊임없이 죽었다가 살아나고 죽었다가 살아나고 하면서 죽음
의 고통을 당하고 있었습니다.

　만약에 여러분들이 신통이 열려 천안으로 저승세계를 보았는데
여러분의 어머니가 지옥에서 고통받고 있다면 그 심정이 어떠하겠
습니까? 본래 효성이 지극했던 목련존자는 가슴이 찢어지는 듯이
아팠습니다. 비록 어머님이 생전에 중죄를 지어 지옥에서 그 과보
를 받게 되었지만 자신을 낳아 주고 길러 주신 은혜를 생각하자 어
머님을 꼭 지옥에서 구제해야겠다는 생각이 들었습니다.

　이에 목련존자는 침통한 마음으로 부처님 앞에 나아가 여쭈었습
니다.

　　"세존이시여, 저는 돌아가신 어머니를 찾기 위해 삼십삼천부
　　터 인간계까지 두루 보았으나 찾지 못했습니다. 그래서 무간지
　　옥을 살펴본즉 그곳에서 어머니가 형편없는 몰골로 고통에 시
　　달리고 있었습니다. 저의 어머님은 어떤 업을 지어 저런 고통을
　　당하고 있습니까?"
　　"목련이여, 너무 슬퍼 말아라. 너의 어미는 이 세상에 있을 적

에 출가한 스님들을 비방하고 미신을 믿고, 인과를 믿지 않아 축생을 죽여 육식을 즐기고, 이웃사람들을 사도(邪道)로 이끌어 들인 죄로 이런 과보를 받게 된 것이다.”

부처님의 말씀을 들은 목련존자는 다시 여쭈었습니다. “세존이시여, 그러면 어찌해야 제 어머니를 지옥에서 구해 낼 수 있겠습니까? 그 방법을 일러 주십시오.” 하며 간청을 했습니다. 그러자 부처님께서는 “목련이여, 네 어미의 죄가 너무 크고 무거워서 네가 비록 수행의 공덕이 있고 또한 신통력이 있다고 하지만 그 죄업을 대신하거나 구제할 수는 없다. 비록 너의 효심이 하늘과 땅에 넘친다 해도 특히 불·법·승 삼보를 비방한 죄는 어찌할 수 없는 것이다.”라고 말씀하셨습니다. 이 말씀에 효심이 장한 목련존자는 땅을 치고 통곡을 할 수밖에 없었습니다.

이때 부처님께서 다시 말씀하셨습니다. “목련아, 내가 너의 측은한 마음을 헤아려 한 가지 방법을 일러 주리라. 어머니를 꼭 제도하고 싶거든 성불하여 온 세상을 제도하겠다는 큰 서원을 세우고 출가한 모든 스님들께 지성으로 공양하라. 그리하면 네 어미의 죄는 가벼워져 적어도 지옥의 과보는 면하게 될 것이다.” 목련존자는 다시 물었습니다. “부처님이시여, 그러면 언제 어떻게 공양을 올리면 좋겠습니까?” “대도를 성취하기 위해 출가한 스님네들이 정진을 풀고 자유로운 수행으로 들어가는 7월 보름날 진수성찬과 과일 그리고 가사 장삼 등으로 정성껏 공양하고 재를 올리면 적어도 지옥의 액난에서는 벗어나게 될 것이다."라고 부처님께서 말씀하셨습니다.

이 말을 들은 목련존자는 부처님의 가르침대로 7월 보름날 음식과 과일 등을 장만하여 십대제자들과 함께 많은 스님들께 공양하고 천도재를 모셔 어머님을 지옥에서 구출하게 되었습니다. 그런 연유로 절에서는 7월 15일 백중날이면 신도들이 음식과 과일, 가사 장삼을 스님들께 올리고 그리고 스님들은 일제히 기도하고 공양을 받는 풍속이 전해져 내려오고 있습니다.

우란분절의 의미

이처럼 백중은 한량없는 부모님의 은혜를 조금이나마 갚아 보고자 불·법·승 삼보전에 몸과 마음을 다해 정성을 바침으로써, 살아계신 부모님의 무병장수와 돌아가신 부모님의 극락왕생을 빌어 기도나 천도재를 올리는 날입니다. 목련존자께서 어머니를 위해 부처님과 십대제자들과 함께 재를 지낸 백중날은 지옥문을 활짝 열어놓는다고 합니다. 마치 부처님 오신 날이나 8·15 광복절에 죄수들이 형이 감형되어 특사로 많이 풀려나오는 것과 같다고 하겠습니다.

경전에 이르시기를 "작은 모래알이라도 물에 넣으면 가라앉지만 큰 바위 돌이라도 배 위에 실으면 능히 물 위에 뜰 수 있듯이, 사람의 죄업도 비록 작은 것이라도 훗날에 그 악한 과보를 받게 되지만 큰 죄업이라도 삼계의 대도사요 사생의 자부이신 부처님의 가피를 빌리면 능히 제도받을 수 있다."고 했습니다. 그 예가 바로 목련존자의 어머니 청제부인입니다.

우리는 이 경전의 말씀을 통해서 몇 가지 의미와 교훈을 생각할 수 있습니다. 첫째는 삼보를 비방하는 죄는 몹시 크다는 것입니다. 부모·형제·이웃에게 잘못한 당사자가 부처님께 빌고 참회하면 용서받습니다. 그런데 부처님을 비방하면 어디다 빌 곳이 없습니다. 여러분들이 혹시 오늘까지 알게 모르게 불·법·승 삼보를 비방하거나 누를 끼친 말이나 행동을 했으면 백중날 삼보전에 다 참회하고 새로운 마음으로 신앙생활을 시작해야 할 것입니다.

둘째는 다른 사람을 사도(邪道)로 인도하는 죄가 크다는 것입니다. 절에 잘 다니고 있는 사람에게 "야, 거기 가 봐야 뭐 하냐. 따분하고 지루하기만 하지. 이 좋은 날 법당에 앉아 있어? 나하고 야외나 나가서 놀다 오자."라고 하면서 절에 나가려고 하는 사람을 못 나가게 하면 지옥에 떨어질 죄입니다. 혹시 어떤 사람이 "나 그 보살 보기 싫어서 그 절에는 가고 싶지 않아."라고 하면서 안 나오게 된다면, 그런 생각을 하도록 한 사람도 마찬가지 과보를 받을 것입니다. 그 사람은 절에 나오지 말라는 말은 안 했지만 어떤 사람이 자신 때문에 절에 안 나온다면 은연중 큰 죄를 짓는 결과가 되는 것입니다. 그래서 특히 절에 와서는 남의 마음을 상하지 않도록 사소한 말이나 행동이라도 여법하게 해야 하는 것입니다.

셋째는 부모님을 위해서 할 수 있는 효도를 다해야 한다는 것입니다. 목련존자는 신통이라도 열려서 영안으로 지옥을 보니까 어머니가 지옥고를 받는 줄 알지만 우리들은 그것도 알 수 없습니다. 그러면 우리는 부모님을 위해서 어떻게 해야 하겠습니까? 부처님과 제자들이 천도재를 지낸 7월 15일 백중날은 지옥문이 활짝 열리는 날이니, 이왕이면 그날 우리도 부모님을 위한 재를 모시면 당연히 좋습니다. 우리가 평소에 기도를 하고 불공을 할 때 대부분 다 남편, 아내, 자식들을 위한 기도를 합니다. 그런데 백중날은 오직 부모님만을 위해서 재를 올리는 것입니다. 세상에서는 5월 8일 어버이날, 부모님 가슴에 카네이션 한 송이 달아 드리는 것으로 끝나는데 그것은 서구문화 유산이고, 우리의 수천 년 동안 내려온 전통문화는 백중날 부모님을 위해서 삼보 전에 재를 올려드리는 것입니다.

부모님께 효도를 하는 데에는 세 가지 종류가 있다고 했습니다. 옷과 음식과 물질을 제공하는 것은 제일 하품(下品)의 효이고, 부모님의 마음을 기쁘게 해 드리는 것은 중품(中品)의 효입니다. 그러면 최상품(最上品)의 효는 무엇이겠습니까? 부처님의 가르침에 따라 해탈을 이루어 다시는 윤회하지 않도록 해 드리는 것입니다. 살아생전에 부모님을 물질적으로 넉넉하게 봉양하는 것도 효이고, 부모님이 기쁨과 평안을 누리도록 해드리는 것도 효이지만, 그러나 가장 큰 효는 부모님으로 하여금 부처님과 인연을 맺게 해서 결국 불법을 믿게 하고 악도에서 구제해 드리는 것입니다.

또 우리가 우란분절에 기도를 하는 것은 우리에게 다음 세 가지 의미와 교훈을 주고 있습니다. 첫째는 자녀들로 하여금 부모님의 은혜를 잊지 않고 길이 섬기는 효사상을 일깨우고, 둘째는 비록 돌아가신 부모님일지라도 불연(佛緣)을 맺어 세세생생 구제를 받기 위함이고, 셋째는 스님들이 안거를 푸는 백중날은 그 마음이 가장 깨끗하고 법열에 차 있으므로 사람들의 공양을 받을 만하고 또 신도들은 그 공덕으로 제도받는 기연을 맺을 수 있다는 것입니다.

오늘날은 안타깝게도 우란분재의 의미가 많이 퇴색된 느낌입니다. 이제라도 삼보를 공경하는 믿음을 바탕으로 효를 행하라는 부처님의 말씀을 새기면서 우리 민족이 지니고 있는 효심이 우란분재를 통해 실천되기를 빕니다. 그런 뜻에서 음력 7월 칠석부터 시작하여 7월 보름까지 우리의 부모님을 위한 백중기도를 합시다. 이에 모든 대중들이 다 함께 동참하고 또 주위의 인연들에게 권유도 해서 같이 절에 가시기 바랍니다.

오늘날 산업사회로 인한 핵가족과 서구의 개인주의가 이기심으로 변질되어 효심이 망각되고 이로 인해 도덕성이 마비되어 가고 있습니다. 이때 우리가 우란분절을 맞아 우리의 부모님을 다시 생각하고 부처님께 법연을 맺어 드려 악도에서 구원되도록 지극 정성으로 기도합시다.

제 11 장

불교 기도의
특징

불교의 기도는 기독교와 같은 유신적 종교들의 기도와는 다릅니다. 첫째, 무조건 소망을 빌기만 하는 기복적 기도가 아닙니다. 불교의 기도는 3만 원의 기도금을 내고 수백억 원의 대가를 바라는 복권당첨보다도 더한 그런 기도가 아닙니다. 불교의 기도는 남에게 부탁해서 할 수 있는 기도도 아닙니다. 불교의 기도는 스스로의 노력이 없으면 그 대가도 없다는 믿음에서 한 치도 벗어나 있지 않습니다. 불교의 기도는 지은 바가 있어야 받을 것이 있으므로 작복(作福)에 의한 발복(發福)을 맹세하고 실천하는 기도입니다.

둘째, 불교의 기도는 수행의 한 방편일 뿐입니다. 기도는 마음을 집중하고, 욕심을 부릴 수 없는 이치를 깨달아, 스스로 마음의 평화와 자유를 얻는 수행의 한 방편일 뿐입니다. 누구에게 무엇을 바라기만 하는 마음은 허망한 잡념일 뿐입니다.

불교도 기도를 통해서 가피가 이루어짐을 믿습니다. 간절한 가피를 기대하는 것은 불교의 기도에서도 마찬가지입니다. 그러나 불교는 기도수행을 통해 성취된 집중력과 알 수 없는 내면의 신비한 힘이 가피라는 결과를 초래한다고 믿습니다. 그런 점에서 불교는 관세음을 기다리는 기도로 시작해서 결국에는 내가 관세음이 되는 기도, 즉 자성미타와 자성관음을 믿는 기도입니다.

셋째, 불교의 기도는 기도 그 자체가 목적입니다. 결론적으로 말하자면 불교의 기도는 이기적 소원을 이루려는 것이 목적이 아닙니다. 이기적 소원은 욕망일 뿐입니다. 남을 위한 기도, 즉 이타적 소원을 이루고자 하는 소망, 즉 원력으로 하는 기도입니다. 불교는 바로 원력을 세워 기도합니다. 불교의 기도도 부처님의 가피를 바랍니다. 그러나 그것은 나를 위한 가피가 아니라 세상을 위한 가피여야 합니다.

기도는 목적이 아니라 수단입니다. 불교는 기도라는 수행을 통해서 마음의 평정을 누리며 세상의 행복을 기원합니다.